匠心
致敬初心

来自职业教育一线的思考

梁国胜　周建松◎主编

光明日报出版社

图书在版编目（ＣＩＰ）数据

匠心致敬初心：来自职业教育一线的思考 / 梁国胜，
周建松主编 . -- 北京：光明日报出版社，2021.12
　ISBN 978-7-5194-5309-1

　Ⅰ . ①匠… Ⅱ . ①梁… ②周… Ⅲ . ①职业教育—研
究—中国 Ⅳ . ① G719.2

中国版本图书馆 CIP 数据核字 (2021) 第 246921 号

匠心致敬初心：来自职业教育一线的思考
JIANGXIN ZHIJING CHUXIN: LAIZI ZHIYE JIAOYU YIXIAN DE SIKAO

主　　编：	梁国胜　周建松		
责任编辑：杨　茹		责任印制：曹　诤	
封面设计：李彦生		责任校对：傅泉泽	

出版发行　光明日报出版社
地　　址：北京市西城区永安路 106 号，100050
电　　话：010-63169890（咨询），010-63131930（邮购）
传　　真：010-63131930
网　　址：http://book.gmw.cn
E - mail：gmrbcbs@gmw.cn
法律顾问：北京市兰台律师事务所龚柳方律师
印　　刷：德富泰（唐山）印务有限公司
装　　订：德富泰（唐山）印务有限公司
本书如有破损、缺页、装订错误，请与本社联系调换，电话：010-63131930

开　　本：170mm×240mm			
字　　数：220 千字		印　　张：13.25	
版　　次：2021 年 12 月第 1 版		印　　次：2021 年 12 月第 1 次印刷	
书　　号：ISBN 978-7-5194-5309-1			
定　　价：49.80 元			

本书编委会

主　编：梁国胜　　周建松

编　委：（排名不分先后）

马树超　王旭明　姜大源

俞仲文　黄达人　董　刚

前　言

　　毕业典礼，是一个具有里程碑意义的人生仪式，不仅是学子刻骨铭心的荣耀和高光时刻，更是对其成长过程中获得新角色、新责任的一种严肃赋予与确认的仪式。每到盛夏六月，各高职院校校长（书记）的毕业致辞总能引发社会关注和热议。它通常具有新学程"第一课"和"最后一课"的属性，在真诚祝贺、热切期许的同时传递使命与责任，也是学校对全社会某种意义上文化层面和精神层面的"营养输送"，凸显他们独有的精神气质。

　　《匠心致敬初心——来自职业教育一线的思考》收录的是高职院校校长（书记）在2021届毕业典礼上的讲话，分为家国、匠心、奋斗、梦想四大篇章，共计40余篇。本书在庆祝建党100年的背景下，借助"毕业典礼"这一特别的思政课形式，以塑造有社会担当和健全人格、有匠心精神和职业技能、有人文情怀和科学素养、有历史眼光和全球视野、有创新精神的时代新人为旨归，以做人、治学为经纬，真挚恳切、娓娓道来。其中，既注重汲取中外先贤的教诲和经验，也倾情将其多年对教育思想和大学精神，特别是有关为人之道和治学之方的思考感悟一并呈现。例如，湖南机电职业技术学院院长杨翠明在《乘势而为，做新时代的奋斗者》中强调"奋斗"的意义，认为"漫漫征途，认定了方向，就要拒绝'躺平'，直面'内卷'，就要努力奔跑，奋楫笃行，就要全力以赴，不懈奋斗，只有不停奔跑的人才是最懂得幸福、最享受幸福的。"无锡科技职业技术学院院长孙兴洋在《做一个自律的人》中阐述自律的内涵，他说："自律，是解决人生问题的首要工具，也是消除人生痛苦的重要手段。不自律，无前程；不自律，无自由。一个自律的人，才会懂得自爱、勇于自省、善于自控，才能在未来和更美好的自己相遇。"

这些带着温度与力量的话语，既是情真意切的盼望，也是目光如炬的提醒。一方面，它温暖了毕业学子的心灵，让他们深刻体会到毕业致辞的精髓，汲取师长的人生经验与智慧，在心怀忐忑的同时，带着更多的自信勇敢前行。这是用一种强大的价值观，照亮他们走向社会、步入前程的第一段路，再推他们一把，再给他们加一次油；另一方面，它也给在校生提供了一次审视自身、左右对照、自我激励的机会。因为，毕业致辞不仅对毕业生有用，也能引发在校生的共鸣，希望他们在努力与拼搏的同时，不要忘记感受生活的幸福，在点滴生活的回馈中得到力量。更重要的一点是，告诫年轻人要保持人性当中的纯真、善良与尊严等，学会如何完善、提升自己的专业技能，这也是人生处世的根本。

希冀本书以富有人文思想、自省意识与真诚指引的恳切表达，勉励新时代的高职学子坚定追梦，在学思践悟中坚定理想信念，在奋发有为中践行初心使命，让青春奋斗与民族复兴同频共振。

目 录

第一章

家国

　　而今，你们即将踏上新的征程，相信你们一定能奋勇逐鹿，迎风驰骋，把青春的华章写在祖国的大地上！

把青春的华章
写在祖国的大地上

梁　裕

　　校园瓜果飘香，思茗星光闪耀。当夏蝉再次喧嚣、响彻天际，又一届的毕业季也悄然来临。今天，我们又一次相聚"云端"、相聚文体馆，线上线下相结合举行毕业典礼。

　　岁月静好，青春无悔！三年前，同学们满怀憧憬来到广西职业技术学院，在如诗如画的校园里学习生活，度过了你们一生中最难忘的青春岁月。在校期间，你们修身明德、砥砺品学、不负光阴、执着奋进，发扬了"弘毅开拓、勤勉善成"的学校精神，践行了"盛德至善、博学致用"的校风；你们的活力让校园朝气蓬勃，你们的成绩让学校荣光闪耀，你们认真践行"以德立人、以技立业"的校训，助力凝练"崇德强技、尚美至臻"的"思茗"文化理念，学校因为你们而感到无比骄傲和自豪！正因为有你们，学校这三年来也是蛮拼的，乘着职业教育改革发展的东风，相继获评国家优质高职院校，入选"中国特色高水平高职学校和专业建设计划"高水平专业群建设单位、国家乡村振兴人才培养优质校。

亲爱的同学们，从今天起，你们的身份将从"广职学生"转变为"广职校友"，你们就要告别师长和同窗，离开熟悉的校园，走向更广阔的人生舞台，去谱写更精彩的篇章。我相信，你们会永远心系母校，带着学校的精神扬帆远行！

作为校长，我的心里有千言万语在涌动，精挑细选，凝聚成几点嘱托，在这里送给你们：

坚定信念，勇担复兴之使命。同学们，你们是幸运的，身处伟大的时代、伟大的国家，在建党百年华诞到来之际顺利毕业，何其荣光、何其幸运。100年前，在浙江嘉兴南湖的红船上，中共"一大"胜利召开，13名像你们一样同龄的青年人，慷慨激昂地担负起改变中国未来的历史使命。100年后的今天，崭新的中国，在百年未有之大变局中焕发出蓬勃活力，开启全面建设社会主义现代化国家新征程。当年的小红船已成长为劈波斩浪的巨轮，中华民族伟大复兴的使命即将移交到你们这一代人肩上。年少多壮志，青春应许国。青年人要树立与时代主题同心同向的理想信念，勇于担当时代赋予的历史责任。希望你们无论身处何方、从事什么职业，都要坚定理想信念，与这个时代同频共振、同向同行，锐意进取，敢于担当，主动把爱国情、强国志、报国行自觉融入新时代中国特色社会主义的伟大事业之中，不畏惧、不退缩、不抱怨，在危机中育新机、于变局中开新局，积极用"广职人"的"匠心""匠行"托起中华民族伟大复兴的中国梦。

不惧"内卷"，拒绝"躺平"之人生。今年，流行两个热词"内卷""躺平"，它们在年轻人群体中的共鸣俨然已形成一股社会思潮。在我看来，也许"躺平"是面对"内卷"的无奈选择，"内卷"或许成为一种常态。

无论怎样选择，两个词的流行至少说明，我们已经开始集体反思，"躺平"治愈不了"内卷"。初入社会，难免茫然，当你们遇到挫折之时，要沉得住气，毕竟历史长河中，一鸣惊人者寡，厚积薄发者众；"内卷"焦虑之时，千万不要着急，要学会努力超越自己、突破自我，破茧成蝶，抑或涅槃重生。当前，我们正处于"两个一百年"的历史交汇期，国家正处于爬坡的最关键阶段，我们责任重大，每个人必须瞄准人生目标，继续咬紧牙关，绝不能松懈，为国家、为民族，为家庭、为自己，我们必须努力奋斗，没有理由选择"躺平"。

守正创新，启航发展之新程。你们即将踏上事业新征程、迈向人生新阶段，希望同学们正而新、专而红，努力做到"三个坚持"。一是坚持孜孜不倦地求知问学，因为不积跬步，无以至千里；不积小流，无以成江海。学海无涯，毕业绝不意味着学习的结束，而是新的学习生活的开始，只有不断学习，才能弥补自身的不足，适应时代发展的需要。二是坚持正确的价值观，修德正己，激浊扬清，扬善尚美，做到守道德、扬公德、积美德，存善心、践善行、做善事；懂得爱惜自己，心存敬畏，在诱惑和困难面前始终保持良知与尊严，在挫折和坎坷面前始终保持从容与豁达，不盲目追求浅薄的快乐与享受，不随意放纵自己的欲望和行为，干干净净做事、明明白白做人，把真诚待人、虚心从善作为不断完善的人生境界。三是坚持根植于心的守正创新，创造是青春的标志，创新是青年的灵魂。同时，还要有提升干事创业的精气神，认准了目标，有了施展的平台和机会，就要持之以恒、锲而不舍地奋斗下去，大胆地去干、去闯。不要怕犯错，更不要浅尝辄止，半途而废，懂得自我控制、自我加压，为不可知的未来多做些准备，为持久的顺利积累下足够的条件。

知行合一，走稳奋进之道路。习近平总书记勉励广大青年，要力行，做知行合一的实干家，在新时代干出一番事业。新时代坚守知行合一，意味着要不断磨炼真本领。真本领需要将专业知识、合作素养、实践技能结合在一起，不畏挫折、不惧艰辛，用未来目标指引当下行动、以直面问题导引解决方法，在面向实际、致力实干、深入实践中练就高超技艺。同学们，你们生逢盛世，与伟大时代同向同行，实为人生之幸事。时值国家加速高质量发展时期，展望未来，国家在你们这一代人的努力下，会更加蓬勃发达。同学们要接好历史的接力棒，发扬前辈师长改革的意识、创新的思维和开放的精神，知行合一，德技双修，走好走稳新时代的奋进之路。

你们在广西职业技术学院度过了一生中最美好、最珍贵、最值得怀念的岁月。校园里留下了你们的身影，回荡着你们的笑声，记录了你们的汗水，镌刻着你们的梦想。而今，你们即将踏上新的征程，相信你们一定能奋勇逐鹿，迎风驰骋，把青春的华章写在祖国的大地上！

长空万里，好风正劲。在你们即将启程远航之际，我衷心地祝你们前程似锦，事业有成！祝同学们一路顺风！一定要记得常回家看看！

（作者系广西职业技术学院院长）

愿同学们珍惜青春时光，用智慧、汗水和激情，创造属于你们自己也属于这个伟大时代的幸福人生！

胸怀祖国　自强不息

陈鸿俊

芳华五月，栀子飘香。今天我们欢聚一堂，在这里隆重举行湖南工艺美术职业学院 2021 届毕业生毕业典礼。这是一个值得纪念的重要日子，是同学们人生旅途中的一座重要里程碑，从今往后，同学们将奔赴祖国大江南北奉献才智，建功立业。尤其值得大书特书的是：今年是中国共产党百年大庆之年，你们将是我校也是中国大学生毕业季历史上注定要打上重大历史烙印的一届，毕业季与党的百年生日同年同庆，可谓躬逢盛世，百年罕见，这是何等幸运与荣光之事！你们的毕业季注定是最难忘的毕业季！你们是新时代的幸运儿！

我谨代表学校向圆满完成学业的 2715 名同学表示最热烈的祝贺！祝贺你们顺利完成学业，开启人生新的旅程！

我也想借此机会跟你们一道感谢老师，是他们传道、授业、解惑，引导你们从基础到专业，让你们成为名副其实的大学毕业生。感谢你们的父母和家人，他们永远与你们在一起，给予你们最坚定的支持和最无私的奉献，直到今天跟你们一同分享喜悦、激动和骄傲。谢谢你们的同学，一同度过了大学时光，分享青春和友情、相互鼓励和支持。

光阴似箭，日月如梭，三年过去，仿若昨天！还记得三年前开学典礼上我给同学们的致辞吗？《让创新成为我们的青春特质》：创新是时代社会发展之需要，创新是艺术设计专业之特质，创新是知识技能智慧之积累，创新需要传统文化之滋养，创新需要脚踏实地之实践，创新需要创新思维之锤炼！创新的设计最出彩，创新的青春最精彩，创新的人生放异彩！三年过去了，我努力了吗？我创新了吗？我出彩了吗？我的大学生活还有哪些遗憾与不足？这些都需要大家好好追问、反思与总结，以更好的姿态迈入新的人生旅程！

你们即将离家出门远行，真正踏上社会人生之路，临别之际，我想以校长更是师长、朋友的身份与大家唠叨唠叨，提几点希望。但愿它不是酣畅怡人的心灵鸡汤，而是平实如常的亲人般的殷殷关切与温馨提示！

一是希望你们心中有爱，胸怀祖国，做有家国情怀之人。

你们正身处一个伟大的时代，从 2020 年到 21 世纪中叶是中华民族分两步走建成社会主义现代化强国的关键期，也正是诸位大学生为祖国健康工作 30 年的黄金期，你们躬逢盛世，将成为中华民族复兴的中国梦实现的主力军与见证者！《孟子》有言："天下之本在国，国之本在家，家之本在身。"当代大学生只有把自己的个人奋斗与国家民族的命运紧紧相连才会有广阔的前景，人生才会绽放绚丽的火花。

希望你们热爱生活，充满激情，常怀爱心与感恩之心，爱自然、爱社会、爱集体、爱家庭、爱同事……相信太阳每天都是新的，做幸福人生的主宰者！希望你们抛弃小我，成就大我，胸怀祖国，放眼世界，从党史学习中汲取力量，做坚定的爱国者和民族复兴的践行者！位卑未敢忘忧国，家国情怀驻心中。

二是希望你们坚忍不拔，自强不息，做有乐观精神之人。

由学业人生走向社会人生，这是你们人生成长的又一分水岭！习惯了父母与老师的呵护，习惯了同学的友情与象牙塔里的温情，即将走上需要独自面对，自食其力，自担责任与压力的复杂社会，你们做好准备了吗？

人生当然充满诗情画意，人生也确实会有阳光灿烂，但人生也一定会有急流险滩，会遇挫折与荆棘！比如，工作的不顺心，薪资的不如意，同事关系的不协调，以至个人感情上的小挫折，诸如此类，人生不如意者常有十之八九，怎么办呢？不是消极待之，而是要正确面对，积极应对！那就需要乐观主义精神，它是一切成功与幸福的真正密码，有了它才会有理想、有目标、有创新、有能力、有坚持、有成就、有精彩的人生、有幸福的感受，你的人生才会无往而不胜！

孟子曰："天将降大任于斯人也，必先苦其心志，劳其筋骨，饿其体肤，空乏其身，行拂乱其所为，所以动心忍性，增益其所不能。"面对困厄与挫折，要相信办法总比困难多，阳光总在风雨后，遇挫而弥坚，攻而克之，笑对人生，成就自己！挫折永远是悲观主义者的哀叹之声，挫折也永远会变成乐观主义者的进军之号！

希望你们坚忍不拔，自强不息，做有乐观精神之人，永远成为生活的强者！

三是希望你们出奇制胜，不走寻常路，做有创新特质之人。

"苟日新，日日新，又日新。"创新是当今时代发展的主旋律，也是艺术设计（工艺美术）的要义所在，机遇不会眷顾因循守旧、坐享其成者，而是留给勇于创新的人。大时代成就青年人的大作为。习近平总书记说，"广大青年要有敢为人先的锐气，勇于解放思想、与时俱进，敢于上下求索、开拓进取"，作为全社会最富活力、最具创造性的群体，我们美院毕业生理所当然应该走在创新、创意、创业、创造的前列，秉承"致用致美"

的校训理念和精工精致的"工匠精神"设计生活与人生，绽放青春光彩，为中华民族伟大复兴的中国梦的实现添砖加瓦、贡献力量！

希望你们不走寻常路，做有创新特质之人，成为创意与设计的引领者，在出奇制胜中为祖国建功立业！

四是希望你们脚踏实地，不好高骛远，做有务实品质之人。

大学毕业不是终点，而是你们人生新的起点，精彩的人生要靠你们自己创造！老子曰："合抱之木，生于毫末；九层之台，起于累土；千里之行，始于足下。"罗马不是一天建成的，从小事做起，才能成就大事业。同学们，当今中国正面临百年未有之大变局，今年是世界新冠肺炎疫情的特殊之年，也是中国经济恢复的复杂之年，刚踏上社会，大家一定要有理性务实之心态，找工作不要挑三拣四，好高骛远，合适的就是最好的，要知道——就业就是对父母、对母校最好的回报！到了新单位，年轻人要虚心一点，上进一点，勤快一点，多干一点，处处留心皆学问，"板凳要坐十年冷"，要知道，伟大的人生都是从这平凡的"冷板凳"起步的。

习近平总书记告诫我们"现在青春是用来奋斗的，将来青春是用来回忆的"，幸福都是奋斗出来的。空谈误国，实干兴邦。希望你们从我做起，从小事做起，从点滴做起，脚踏实地，求真学问，练真本领，干一行爱一行，久久为功，用务实与奋斗书写你们的精彩人生！

从今天起，你们将从"美院学生"转变为"美院校友"，改变的只是称呼，不变的却是永恒的挚爱、情感和念想！"2018—2021"，对他人来说，这只是普通的数字，而对你们来说是永远刻在骨子里的芳华岁月；"工艺美院"，对他人而言，这只是普通的汉字，而对你们来说是永远印在心底里的珍贵记忆。

请你们一定记住，不管你们行走多远，无论你们功成几何，母校永远都会关注和牵挂你们！就像慈母伫立村头的凝望，望穿秋水而不知悔！你们永远都是母校的孩子，会龙山永远都是你们的精神家园；当你们累了、倦了，母校的怀抱永远为你们敞开。希望你们常回家看看！愿你们不忘初心，历尽千帆，归来仍是少年！

愿同学们珍惜青春时光，用智慧、汗水和激情，创造属于你们自己也属于这个伟大时代的幸福人生！

朝夕三载，临别匆匆，任何言语都难以表达我此时此刻的心情。今天，你们即将离开学校，踏上征程。我想将北京大学杰出校友卢新宁女士寄语北大毕业生的一段话转赠给亲爱的同学们，作为结束语，也与大家共勉——

"无论中国怎样，请记得：你所站立的地方，就是你的中国；你怎么样，中国便怎么样；你是什么，中国便是什么；你有光明，中国便不再黑暗。"

（作者系湖南工艺美术职业学院院长）

　　广大青年学生得益于国家职教改革的春风，团结在党的周围，挥洒青春，奉献热血，正在成长为千千万万个技术能手、"大国工匠"！面向未来，你们还将继续锤炼自己、提升自己、完善自己，唯有青春不负新时代，才能担当作为建新功。

青春不负新时代
担当作为建新功

朱东风

　　在这凤凰花开、满园烂漫的美好时节，我们迎来了江苏城乡建设职业学院 2021 届毕业典礼。

　　今天是你们毕业的日子，也是江苏城乡建设职业学院 35 周岁的生日。这些年来，学校从一所几百人的中专，在一代代人接续奋斗中成长为大学；从顺利通过新建高职院校人才培养评估到获得省委高质量考核争先进位奖；35 年来，正是一代代学子薪火相传、筚路蓝缕、团结奋斗，才有了今天的辉煌。在这个特殊的日子里，我提议，让我们用热烈的掌声，感谢所有"城建人"的辛勤付出，并向母校 35 周岁生日表示祝贺！

　　今年是中国共产党成立 100 周年，是两个百年奋斗目标的历史交汇点。在中国共产党领导人民的顽强奋斗中，中国共产党带领中国人民正阔步走向民族复兴的新时代。你们适逢新时代，在青春的年华，赶上了国家富强、民族复兴的历史潮流，真的是"生得好天时，奋斗正青春"！

我们初见时，是落英缤纷的 9 月，大家在绿色校园开启美好的大学时光；离别时，是郁郁葱葱的仲夏，学校在你们青春的纪念册里留下了难以割舍的成长印记。这印记或许是你舌尖惦记的味道，或许是你流连忘返的三色跑道，但我想，更深层次的是，学校日新月异的建设发展、独具特色的校园文化已经融入同学们的心灵，成为你们深深的不舍眷恋！同学们在校的三年或五年，见证了党的十九大胜利召开，目睹了纪念五四运动 100 周年的盛况、庆祝新中国成立 70 周年的盛典；亲历了以习近平同志为核心的党中央团结带领全国人民统筹疫情防控和社会经济发展的伟大胜利；体会到了有一种力挽狂澜叫作中国共产党的领导和我国社会主义制度的显著优势、有一种东风浩荡叫作中国人民和中华民族的伟大力量！

匆匆数载，同学们以年华作笔、以汗水为墨，在绿色校园立奋进初心、逐灿烂韶华，在抗疫斗争中经受了考验，在奋进新时代学习中收获了成长。你们和学校共同经历了江苏省新建高职院校人才培养工作评估大考；见证了学院升格后第一次党代会胜利召开；收获了两个专业群入选江苏省高水平专业群建设立项、2020 年度全国绿色建筑创新奖一等奖、全国职业院校技能大赛突出贡献奖的成功喜悦；分享了同窗好友在竞技场上的青春芳华……绿色校园记录着你们的青春和成长，你们增强了学校的文化和底蕴；绿色校园记录着你们的拼搏和奋斗，你们弘扬了学校的辉煌和荣光；绿色校园记录着你们的成就和情感，你们承载了学校的希望和梦想！你们用最宝贵的青春，与学校邂逅了一段美好时光，演绎了一部经典合唱！

青年是国家的未来，青年兴则国家兴，青年强则国家强。前不久，全国职业教育大会胜利召开，以习近平同志为核心的党中央继往开来，深化改革，高举中国特色社会主义伟大旗帜，提出了"劳动光荣，技能宝贵"的时代号召，指出了职业教育前途广阔、大有可为的光明前景！广大青年学生得益于国家职教改革的春风，团结在党的周围，挥洒青春，奉献热血，正在成长为千千万万个技术能手、"大国工匠"！面向未来，你们还将继续锤炼自己、提升自己、完善自己，唯有青春不负新时代，才能担当作为建新功。临别之际，母校有几句话送给你们。

一是爱国励志，秉承家国情怀。对新时代中国青年来说，爱国是立身之本、成才之基。希望同学们做一个有灵魂的人，有家国情怀的人，听党话、跟党走，把个人前途和国家命运、把青春奋斗和国家发展联系在一起，树爱国之志，践爱国之行，成报国之才，脚踏实地，勤奋有为，为服务国家富强、民族复兴、人民幸福贡献力量，做有理想、有本领、有担当的新时代高素质的技术技能建设人才，在个人成才、国家进步中"到中流击水，浪遏飞舟"。

二是励学笃行，秉持工匠精神。青年一代只有勤于学习、勇于实践，锤炼过硬本领，努力使自己成为堪当大任的时代新人，才能不负党和人民重托，不负美好青春年华。同学们要有读万卷书的志向、行万里路的气魄，不断汲取知识、增长智慧，在今后工作中学以致用、知行合一。同学们要有精于钻研的追求，用苛刻的眼光审视自己的技能，革故鼎新，传承国粹，发展融合建筑产业现代化技术，在不断求索中积累经验、取得突破，在行业竞争中大浪淘沙。同学们要有"大国工匠"的目标，少些坐而论道，习于作而行之，穷极工巧，在投身祖国伟大建设事业的过程中，一丝不苟，一以贯之，成为行业大家和技能标兵。

三是奋斗实干，秉行责任担当。在令人难忘的 2020 年，同学们以各种方式勇敢地投身伟大的抗疫斗争中，无论是停学不停课，还是当好社区志愿者，都生动诠释了新时代大学生的担当和社会责任感。今天你们将从绿色校园奔向沸腾工地，希望同学们把报国热情转为工作实际，立足岗位，忠于职守，在广阔天地书写城建的名义。希望同学们力行守正，吃得苦、沉得下、干得好，务实积极，用行动证明，用业绩说话。希望同学们坦荡做人，永远向上，在今后的工作和生活中不浮不躁、不卑不亢，谱写最美丽的青春。

亲爱的同学们，转眼间就到说"再见"的时候了。从今天开始，你们将成为母校的校友。一所大学，最伟大的力量是文化，最伟大的作用是创新，最伟大的事业是育人，最伟大的荣耀是校友！你们永远是母校的荣耀！无论将来你们身在何方，母校永远是你可以停靠的港湾。欢迎你们常回家看看，三元湖的波光等你们回来，文心楼的书香等你们回来，六艺楼的赛场等你们回来！

再见了，同学们，母校期待你们成功的消息！

（作者系江苏城乡建设职业学院院长）

致敬历史的最好方式，就是创造新的历史，我们每一个人，每一天都在谱写属于自己的历史。你们生逢其时，在国家最蓬勃发展的时代学习和成长，你们是幸运的，希望你们不辜负时代，做最好的自己！

不辜负时代　做最好的自己

方季红

转眼又是一年毕业季，校园里弥漫着离别的气息。我们欢聚在这里，举行隆重的毕业典礼和精彩的文艺晚会，共同祝贺同学们，祝贺你们顺利毕业啦！

你们毕业的今年，恰逢中国共产党百年华诞。你们即将开始的人生新征程与中华民族伟大复兴的新征程同向同行！此刻，环坐四周的你们，依然是南通科技职业学院学子，聆听老师的教诲；明天，奔向四方的你们，已是校友，在祖国大地续写新的篇章！校园里的每一处风景，都是你们熟悉的味道，在学校的三年或者五年，你真的读懂学校了吗？大家都知道，我们学校成立于1945年，当时的校名是"国立高级农业职业学校"，隶属于国民政府中央教育部，校址设于当时的"陪都"重庆。

离别之际，我想跟同学们一起重温一段红色校史。

抗日战争胜利之后，国民党政府忙于还都南京，人心浮动，基础动摇，学校第一任校长顾亦亭先生四处奔走，谋求把学校迁回自己的故乡南通，终于得到中央教育部的同意，在张謇先生的侄子、南通地方绅士张敬礼先生等人的赞助下，于1946年8月迁校南通。1947年元旦学校更名为"国立南通高级农业职业学校"。1948年冬，淮海战役结束，国民党军溃败，我人民解放军逼近南通城郊，1949年1月学校迁往上海。随着解放军胜利渡江，迅速逼近上海市区，受党影响和感召的进步学生迅速发起学生自治会，团结师生，保护校产，成功阻止了国民党将学校搬迁至台湾的阴谋。

在反对搬迁的护校斗争中，有许多感人的斗争故事和人物，周恩来总理的亲侄儿周尔鎏（新中国成立后曾任北京大学副校长）就是其中杰出的一位。他原本在上海南洋模范中学读书，在周总理和邓颖超的建议下，报考了我们学校，在护校斗争中，他牵头创办了《牧声》墙报，撰写了"春天快要来了"的发刊词，表达期盼解放的心声。1949年7月，根据上海市军管会指令，在南通行署的帮助下，学校回迁南通。

新中国成立之后，南通行署派共产党员邵铁真、江子安来校建党、建团，邵铁真任学校第一任党支部书记，邵书记后来担任《光明日报》理论部主任兼《文摘报》主编。在抗美援朝战争时期，全校掀起参军运动，先后有40多名同学奔赴战场。在中国共产党的坚强领导下，一所旧的农业职业学校从此新生，在社会主义教育之林中，在改革开放的大潮中，学校在不断变革中走向历史上一个又一个发展高峰。

同学们，你们有没有发现，学校76年的历史，就是一部浓缩的党史、新中国史、改革开放史和社会主义发展史。我们这所诞生于旧社会，成长于新社会的高职院校，骨子里流淌着先辈们的红色基因，它不畏艰难、披荆斩棘；它勇于创新，无愧时代；它坚定信念，勇于担当。

致敬历史的最好方式，就是创造新的历史，我们每一个人，每一天都在谱写属于自己的历史。你们生逢其时，在国家最蓬勃发展的时代学习和成长，你们是幸运的，希望你们不辜负时代，做最好的自己！

愿你们强者不喜，弱者不悲。毛泽东在《体育之研究》一文中曾写道："生而强者不必自喜也，生而弱者不必自悲也。"这个道理，绝不仅仅适用于体育。强与弱是相对的，会互相转化。今天的强者，可能是昨天的弱者。今天的弱者，也可能变成明天的强者。因为弱者如果勤奋锻炼，增益其所不能，久之也会变强。生而强者如果滥用其强，即使是至强者，最终也许会转为至弱。最近的网络热词"躺平"，更像是弱者的武器，无论在什么年代，"躺平"都不可能"躺赢"，更不应该是年轻人的选择！习近平总书记说过，幸福是奋斗出来的！奋斗的道路上不可能一帆风顺，艰苦和挫折是常态，胜利了是成功，失败了是成长！希望你们始终自强不息，坚持不懈，所有的成功与成长，都将是你们前行道路上不可缺失的养分。

愿你们身为平凡，心向不凡。从明天开始，同学们将拥入今年的高校毕业大军，成为一名普通的应届毕业生；奔赴经济建设主战场，成为一名普通的社会人。此刻，对于怀揣青春梦想的你们，可能"普通人"三个字有点消极。但人生真正的不凡，恰恰是敢于直面自己的平凡。直面自己的平凡，才能审视真正的自己，于平凡中找到自己的闪光点。把每一件简单的事做好，就是不简单；把每一件平凡的事做好，就是不平凡。一点点改善，一天天坚持，迟早会带来质的飞跃。"守少则固，力专则强"，剪去人生之树上不必要的"枝丫"，主干才能充分汲取养分，向上生长，枝繁叶茂。希望同学们悦纳自我，乐于拼搏，用开放的胸襟，包容并蓄，保持一颗平凡的心，做出不平凡的事业，在芸芸众生中，做一个努力上进的快乐普通人。

愿你们心中有光，行稳致远。青春正当时，不负好时代，国家发展进步的过程就是你们成长成才的过程，就是你们成就青春梦想的过程。欣逢盛世，将个人小我融入祖国大我，抓住时代机遇，用中国梦激扬青春梦，将青春梦融入中国梦，以青春之我成就青春之中国！心是身上的明灯，心若光明，世界就光明，心若昏暗，世界就昏暗，心有光亮，自予光芒。希望你们心有阳光，无惧黑暗；心有所向，不惧阻挡。让你心中的光，照亮你自己，温暖身边人。相信美好，遇见美好，每个人各美其美，我们的社会才会生机勃勃。无数星辰汇聚成斑斓星空，亿万水滴奔腾出无尽浪花，你们是什么样子，祖国的未来就是什么样子！希望你们与母校共成长，与祖国共进步！

亲爱的同学们，我们刚刚重逢却又匆匆告别，毕业典礼是校园生活的终结，更是未来幸福的开端。你们的父母和老师们陪伴了你们的成长，校园的一草一木见证了你们的成长，这里记录了你们青春的足迹，南通科院是你们永远的家园和依靠！欢迎你们常回家看看，母校会一直关注和支持你们，期盼你们再创新的辉煌！

衷心祝愿同学们心怀浪漫宇宙，珍惜人间日常，成为你们想要成为的模样！

（作者系南通科技职业学院院长）

最好的自己永远在未来。我希望未来的你们幸福乐观，内心平和，不失爱人与被爱的能力；也希望你们成熟自信，不抱怨不责怪，坚信自己总有长处，愈坚定愈强大；更希望你们不"躺平"、有担当，拥有植根于内心的责任感和使命感。

传承红色基因　勇敢追梦前行

曹　毅

"时光太瘦，指缝太宽。"一句老话道尽了时光的飞逝，验证了时间的不禁用。今天，我们相聚一堂，隆重举行 2021 届毕业生毕业典礼，共同见证同学们顺利完成学业，开启人生新篇章。

回首过去三年，同学们与祖国同行，和学校共进，见证了庆祝新中国成立 70 周年的盛世华章，目睹了全面建成小康社会的梦想成真，参与了抗击新冠肺炎疫情的人民战疫，也共同经历了学校创建市级优质高职院校的难忘历程。三年来，同学们探索知识与真理，追求进步与卓越，践行初心与使命，奏响了激昂的青春赞歌。如今，看到大家从懵懂青涩走向成熟稳重，并在庆祝中国共产党百年华诞的历史时刻顺利完成学业，我为大家感到由衷的高兴!

大家就要毕业了，踏出校门便是社会。我知道大家都已做好了万全的准备，我也知道大家都听烦了父母、长辈的絮絮叨叨。但是作为校长，作为老师，我还是忍不住再嘱咐几句，希望大家不撞南墙，不踩大坑，以梦为马，驰骋天涯。

第一，希望同学们要永怀梦想，做一个心中有梦的人。100年前，一群平均年龄仅28岁的中国青年怀揣民族独立、国家解放、人民幸福的伟大梦想，点燃了革命火种，奉献了全部青春；在革命战争年代，他们在激烈的战场上浴血奋战，争取民族独立和国家解放；在社会主义建设时期，他们在一穷二白的土地上创造奇迹，稳固了中华人民共和国的新生政权；在改革开放时期，他们在热火朝天的市场经济中锐意进取，实现了国家繁荣富强；在走向实现中华民族伟大复兴的新征程中，他们始终活跃在国防安全、科技创新、经济建设、文化发展的主战场上。一代又一代的中国青年用自己的热血和青春书写了无愧于时代的答卷。

一个时代有一个时代的主题，一代人有一代人的历史使命。今天，我们所处的这个时代，既是中华民族发展的最好时代，也是实现中华民族伟大复兴的最关键时代。从现在起，到21世纪中叶是我们将实现"第二个百年目标"的30年，恰是你们风华正茂的年华。这不禁让我想到，当2035年我们基本实现社会主义现代化时，当2050年全面建成社会主义现代化强国时，各位同学正是书写这一宏大叙事的中坚力量。作为当代的00后，你们每一个人的身上都肩负着实现中华民族伟大复兴的历史使命！千万不要以为这是空话大话，因为少年强则国强，你们强一分，国家和民族就强一分。习近平总书记指出，"青年有理想、有担当，国家和民族就有希望"。作为重庆财经职业学院的毕业生，我希望你们无论走到哪里、无论去往何方，始终都能与梦想相伴，用勤劳的双手和诚实的劳动创造美好生活，在人生道路上走得更稳、走得更远。也希望你们始终牢记"三财"文化，自觉将个人理想融入国家和民族的事业。

　　第二，希望同学们把握青春，做一个勇敢逐梦的人。花有重开日，人无再少年。我们没有至尊宝的月光宝盒，也没有向天再借一万年的能力，我们所拥有的仅仅是数十载的光阴岁月。但这就是我们人生最大的财富。时间的快慢、长短，取决于每一个人如何对待它。忽视时间的人选择相信运气或境遇，珍惜时间的人选择相信努力和耐心。同样的时间，有的人可以一事无成，有的人则可以建功立业；积极向上是一种活法，消极懈怠也是一种活法，不同的生活方式决定了人生不同的宽度和广度。

　　近期，"内卷""躺平"一度成为网络流行语，并衍生出"一时躺平一时爽，一直躺平一直爽""躺平即正义"等大量段子。一时间，如何看待"内卷""躺平"众说纷纭。我认为，在这个有着900多万毕业生的就业季，选择"躺平"无异于自杀式投降，你甚至来不及吸口气，就被前进的人潮踏平了。成功只会眷顾坚定者、奋进者、搏击者，而不会等待犹豫者、懈怠者、畏难者。所有的成功都会有一个艰辛的开始，如洛克菲勒曾是小助理，乔布斯住过车库，李嘉诚当过推销员，马云也经历过高考失败。鸡蛋，从外打破是食物，从内打破是生命。人生亦是如此，从外打破是压力，从内打破是成长。在人生道路上，如果你选择奋斗，我相信，那些阻力或经历的痛苦，都将变成你生活的馈赠，照亮并引领你人生的旅程。所以，请同学们不要在最需要吃苦的年华选择安逸，无论在什么时候，尤其在面临低谷和挫折时，我都希望你们能够勇敢逐梦，永远不要停下前进的步伐。

　　第三，希望同学们丰富生活，做一个乐观豁达的人。对于刚走出"象牙塔"的你们，也许仍会回忆校园里舒适的生活，感叹工作是"起得比鸡早，睡得比狗晚，干得比驴多，吃得比猪差"。说多了都是泪。也许还会发现，身边文凭比你高、能力比你强的人比比皆是，身边的每个人似乎都渴望着快速成长、快速成功。在这场与同龄人赛跑的"马拉松"上，想要不掉队，同学们需做到以下几点。

　　首先，戒浮戒躁、保持坦然，承认自己的不足，接受并悦纳自己所有的不完美。正所谓"态度决定高度"，生活可能烦琐无奈、一地鸡毛，但我们不应沉沦其中、湮没斗志，反而要从中积淀能量、扎实前行。

其次，增强知识更新的紧迫感，坚持终身学习。既要孜孜不倦，博览群书，又要心无旁骛，择其精要；既要向书本学、向专家权威学，又要向实践学、向人民群众学。

最后，学会适时"归零"，时刻保持生命的热忱。既要思想上"从零开始"，也要适应实践中"从零做起"，把迈出的每一步都当作万里长征的"第一步"，把每一次成功都视为新的起点，时刻保持对新事物的渴望，善于把握历史和时代的发展方向，努力成为新知识的创造者、新技术的发明者、新领域的开拓者。

最好的自己永远在未来。我希望未来的你们幸福乐观，内心平和，不失爱人与被爱的能力；也希望你们成熟自信，不抱怨不责怪，坚信自己总有长处，愈坚定愈强大；更希望你们不"躺平"、有担当，拥有植根于内心的责任感和使命感。

长空万里，好风正劲，带着你们的理想，出发吧！

（作者系重庆财经职业学院院长）

一是希望你们牢记初心使命，坚持信仰、坚守信念、坚定信心；二是希望你们坚守良心尺度，以德立身、以才立业、德才兼备；三是希望你们坚持恒心作为，让农业更强、农村更美、农民更富。

牢记初心　恒心作为

苏士利

六月的苏州农业职业技术学院，草木葱茏、绿意盎然，一如今天的你们，风华正茂、朝气蓬勃。今天，我们怀着无比喜悦的心情，在这里隆重举行2021届毕业生毕业典礼，共同庆祝3211名同学圆满完成学业，即将扬帆起航。

三年前，你们怀着对大学的憧憬、对理想的追求走进了这里，开始挥洒青春、铸就梦想，你们为学校增添了新的活力，也承载了学校的未来和希望。

三年来，你们秉承"励志耕耘　树木树人"的校训，弘扬"勤勉崇农　实干创新"的学校精神，刻苦学习，锐意进取，学知识、练技能，修道德、强素质，立志成人成才，展示青春风采，取得了第六届全国应用型人才综合技能大赛一等奖、第十二届"挑战杯"中国大学生创业计划竞赛全国决赛铜奖、江苏省职业院校创新创业大赛金奖、江苏省大学生课外学术科技作品特等奖等诸多荣誉；涌现了一大批优秀毕业生和继续求学深造的学子代表，充分展现出学子奋发向上的精神风貌和品学兼优的内在特质。学校为你们感到自豪与骄傲！

三年里，你们分享了学校入选"中国特色高水平高职学校和专业建设计划"建设单位、"国家优质专科高等职业院校"的喜悦，亲历了中共中央政治局委员、国务院副总理孙春兰莅临学校的情景，更见证了学校在"十三五"期间的飞速发展。就在不久前，学校又入选全国100所乡村振兴人才培养优质校和全国示范性职业教育集团（联盟）培育单位，这些成绩的取得，你们是参与者、助推者和贡献者！学校感谢你们。

今天，你们即将离开熟悉的校园，告别难忘的大学生活，踏上新的人生征程，作为校长、师长，我想在此为大家送上期望和嘱托：

一是希望你们牢记初心使命，坚持信仰、坚守信念、坚定信心。

心有所信，方能远行。习近平总书记说过："信仰、信念、信心，任何时候都至关重要。小到一个人、一个集体，大到一个政党、一个民族、一个国家，只要有信仰、信念、信心，就会愈挫愈奋、愈战愈勇，否则就会不战自败、不打自垮。"再过两天，我们就将迎来中国共产党成立100周年。百年来，我们党正是秉承着对马克思主义的信仰、对中国特色社会主义的信念、对实现中华民族伟大复兴中国梦的信心，一次又一次创造了奇迹。对个人而言，信仰是执着笃行的内在动力，是精神之光，可以照亮人生之路；信念是精神的韧性，是意念的坚定，可以让人在迷惘中不失去方向；信心是驶向未来的乘风帆，是能让人强大起来的精神力量。当前，我国已顺利开启第二个百年奋斗目标的新征程，未来30年正处于全面建设社会主义现代化国家的新发展阶段，也是同学们职业生涯的黄金期，中华民族伟大复兴中国梦的时代重担落在了你们的肩头，你们生逢盛世，更肩负重任，这就是我们共同的初心使命。今后，不论面对怎样的境遇，希望同学们都能做到信仰如山、信念如铁、信心如磐，看清脚下之道，坚定前行之路，振兴奋进之魂，成为堪当民族复兴大任的时代新人，让青春在为祖国、为民族、为人民、为人类的不懈奋斗中绽放绚丽之花。

二是希望你们坚守良心尺度，以德立身、以才立业、德才兼备。

青年人为人处世，首先要修德。习近平总书记在纪念五四运动100周年大会上的讲话中指出："青年要把正确的道德认知、自觉的道德养成、积极的道德实践紧密结合起来，不断修身立德，打牢道德根基，在人生道路上走得更正、走得更远。"同学们，今后无论你们走向什么样的岗位，从事什么样的工作，我都希望你们以德为先，时时刻刻在细微处端正自己的言行品质，明辨是非、恪守正道，明大德、守公德、严私德，不被名利虚妄蒙蔽，坚守内心的良心尺度。同时，要坚持德技并修，做到终身学习，大胆实践，不断提升理论素养、业务本领、技术技能，成为德才兼备、知行合一的时代先锋。

三是希望你们坚持恒心作为，让农业更强、农村更美、农民更富。

"重农才能固本，重农方可安民"，"三农"问题是关系国计民生的根本性问题。习近平总书记强调指出，"中国要强，农业必须强；中国要美，农村必须美；中国要富，农民必须富"。学校从立校之初，就以兴学劝农为宗旨。一代代"苏农"学子，接续奋斗，成就了百年"苏农"的荣光和卓越。作为农业职业院校的毕业生，要传承弘扬勤勉崇农、实干创新的"苏农"精神，秉持"爱农、事农、兴农"的情怀与担当，时刻关心农业、关注农村、关爱农民，传承尚农文化，讲好"三农"故事，增添发展动能。你们要运用所学知识和练就的本领，在广袤的农村天地里施展才华，在美丽的田园沃土上创新创业，在朴实的亿万农民间播撒真爱，专心干事，恒心作为，真心为民，共同书写农业强、农村美、农民富的时代华章，努力绘就乡村全面振兴的壮美画卷。

同学们，谢谢你们在自己最美丽的年华和最精彩的青春岁月选择了苏州农业职业技术学院。人生路上有阳光灿烂的日子，也会有风大雨急的时刻，但无论是晴是雨，无论身在何方，你们永远是母校最牵挂的学子，母校是你们永远的后盾和精神家园。远行在即，未来可期。

（作者系苏州农业职业技术学院院长）

你们毕业的今年，恰逢中国共产党建党100周年，你们生逢其时，现在的幸福生活就是《觉醒年代》的续集，新的剧情才刚刚开始。

坚守百年梦想　扛起青春使命

马　广

今天，我们在这里隆重举行2021届毕业生毕业典礼，你们圆满完成学业，终于迎来了"开花结果"的时刻。借此机会，我代表学校向即将毕业的3170名毕业生，致以最热烈的祝贺。

时光飞逝！这三年，你们比别人经历了更多：入学时恰逢建校25周年校庆，深切体会学校办学历史；去年疫情下有序返校复课，仍坚持学习不松劲；今年高校毕业生同比增加35万人，就业形势更加严峻，但截至今天就业率已达93.79%。这三年，你们收获了最美的记忆，积攒了前行的力量，也见证了学校的快速发展。

你们勇攀高峰、追求卓越，经历了淬炼成长，增长了知识才干，创下了属于你们自己的荣耀：有的在全国技能竞赛、挑战杯竞赛、"互联网＋"创新创业大赛中斩金夺银；有的在足球、网球、音乐等文体比赛中过关斩将；有的勤勉刻苦，在专业学习、个人发展中表现不俗，523名同学专升本成功"上岸"，95位同学被评为浙江省优秀毕业生，29位同学换上戎装、逐梦军营，彰显了踏实专注和锐意进取的青春活力。

你们满怀赤诚、涵养品格，在社会实践中坚定信仰、获得启发：积极服务脱贫攻坚，助力学校与阿坝师范学院共建"汶川电商学院"；积极抗击疫情，居家学习期间绘制抗疫漫画，千人共唱时代赞歌，与学校并肩作战，确保校园安全稳定；积极走进市场参与志愿服务，成为义乌四大展会的最亮风景。

你们扛起担当、心系学校，用智慧与热情、荣誉与梦想，助力学校谱写快速发展新篇章：学校荣登全国高等职业院校"育人成效50强""国际影响力50强""服务贡献50强"三个50强榜单，跻身全国创新创业典型经验高校，顺利通过浙江省优质校验收、成功入选浙江省"双高校"。感谢你们的参与和努力！

你们毕业的今年，恰逢中国共产党建党100周年，你们生逢其时，现在的幸福生活就是《觉醒年代》的续集，新的剧情才刚刚开始。我有三点与大家共勉。

一是初心不忘，方能行稳致远。你们是实现第一个百年奋斗目标的见证者，是实现第二个百年奋斗目标的建设者，更要树立对马克思主义的信仰、对中国特色社会主义的信念、对中华民族伟大复兴中国梦的信心，深刻认识国家民族的发展是中国青年一代又一代接续奋斗得来的。希望大家以"功成不必在我"的精神境界和"功成必定有我"的历史担当，勇挑重担、勇克难关、勇斗风险，在担当中历练，在奋斗中成长，让青春在创新创业中闪光。

二是坚忍不拔，方能成就精彩。站在新的起跑线上，遥望漫漫人生路，未来的道路上不只有星辰和大海，也有歧路和荆棘。作为时代"后浪"，你们要从"尚德崇文、创业立身"的校训中学习智慧，受挫而不放弃，做稳重、从容、自信的能工巧匠，努力推动新领域的创新，助力新业态的诞生；要从百年党史中汲取力量，沉着应对未来充满变数的压力与挑战，树立坚忍不拔之志，坚定自励、善于思辨、正确抉择，将逆境转为顺境，成就不凡事业。

三是学习不止，方能追梦大道。当今时代，知识更新不断加快，社会分工日益细化，新技术、新工艺、新业态层出不穷。这既给你们施展才华提供了广阔舞台，也对你们的能力素质提出了新的更高要求。在这个充满未知的世界里，大家唯一能做的就是牢固树立终身学习理念。希望你们时刻保持学习紧迫感，向实践学习、向书本学习、向他人学习，不断增强应对变化的能力；要以严谨专注的工作态度和精益求精的工作理念，一步一个脚印地锤炼过硬本领，锻造高超技艺。

同学们，过去1000多个日夜的朝夕相处，让我看到了你们的无限可能。今天，你们即将从鸡鸣山下、群英湖畔出发，探索外面精彩的世界，别忘了常回母校看看。

（作者系义乌工商职业技术学院院长）

复杂的事情简单做，你才能成为专家；简单的事情重复做，你才能成为行家；重复的事情用心做，你才能成为赢家。希望你们永远干在实处、走在前列、勇立潮头，愿你们在今后的道路上，眼里有光、肩上有责、手中有艺、脚下有劲，成就出彩人生！

做新时代的大国工匠

徐时清

六月校园，桃李芬芳。今天，我们在这里隆重举行2021届毕业典礼，共同见证3727名学子圆满完成学业。

三年一瞬，亦是永恒。成长在新时代，你们无比幸运。

过去三年，你们见证了国家的伟大成就。你们庆祝了改革开放40周年，感受了中华大地的沧桑巨变；你们纪念了五四运动100周年，回眸了中国青年用青春之我创造青春之民族的壮丽史诗；你们参与了同新冠肺炎疫情的殊死较量，喊出了"武汉必胜、湖北必胜、中国必胜"的最美强音；你们见证了800多个贫困县、近1亿贫困人口脱贫摘帽的人间奇迹；你们传唱了《我和我的祖国》，为新中国70周年举世瞩目的成就齐声喝彩；你们还将共同见证中国共产党成立100周年的辉煌时刻，重温小小红船发展成为巍巍巨轮的百年征程。

过去三年，你们见证了学校的跨越发展。新学生宿舍、浙乡非遗馆相继落成，同学们的生活和学习环境不断改善；产教融合、校企合作迭代升级，华为云计算学院、联想工业互联网研究院相继成立，与友嘉、达利、省特科院等战略合作持续深化；科研与社会服务能力明显增强，举办浙江省科技成果拍卖会杭职院专场，成交金额近千万元。2019年，学校成功入选"双高计划"B档建设单位，跻身全国高职院校"第一方阵"前列，成为国内一流、国际上有较大影响力的"万人大学"。

过去三年，你们见证了自己的别样精彩。在"振兴杯"全国青年职业技能大赛、全国职业院校技能大赛、全国大学生机械创新设计大赛等专业赛场上，你们过关斩将、摘金夺银，成为比赛的实力赢家。世界互联网大会、全国学生运动会、杭州国际动漫节中，你们贡献了专业技能，展示了亮丽风采，打响了志愿服务名片。体育竞技、文艺比赛中，你们不畏强手、敢打敢拼，一次又一次为学校争得奖项与荣耀，涌现出张浙林、胡友阳、戴新军等技术技能之星，严乐乐、潘瑶瑶、郭浩东等创新创业之星，王蜜、侯越、杨晨晨等文体竞技之星，于振坤、李前页、姚临缙、戴承亨等综合实践之星，你们以实际行动诠释了"杭职"人的"硬核"素质与责任担当。

这份成绩单，离不开上级党委、政府的正确领导，离不开合作企业和校友的大力支持，更离不开全校师生的默默耕耘与辛勤付出。

今年全国职业教育大会上，习近平总书记做出重要指示，要"加快构建现代职业教育体系，培养更多高素质技术技能人才、能工巧匠、大国工匠"，为新时代职业教育发展指明了方向。从明朝的《天工开物》到今天"神舟十二号"的"天宫开路"，工匠精神历来都是中华民族的重要精神动力。"智能制造"风起云涌的新时代赋予了工匠精神新的时代内涵——爱岗敬业、实干力行、精益求精、开拓创新、追求卓越。学校致力于打造"数智杭职，工匠摇篮"，希望你们都能成为新时代的能工巧匠、大国工匠。

你们是充满青春活力的年青一代，更是蓬勃朝气的希望一代，国家需要你们，未来欢迎你们。如何与国家富强、民族复兴同频共振？如何立身百年未有之大变局，做担当有为的时代青年？作为校长和师长，惜别之际，我有三句话与你们共勉。

一要厚植家国情怀，追求卓越，做实干型的能工巧匠、大国工匠。实干是愚公移山的执着，百折不挠的奋斗，是"道虽迩，不行不至；事虽小，不为不成"的脚踏实地。软件技术专业的陈龙同学是你们当中的一员，他刻苦求知，追求卓越，在"振兴杯"全国青年职业技能大赛中一路过关斩将，勇夺金奖，获评"第 20 届全国青年岗位能手"，用青春和汗水践行了新时代的工匠精神。希望你们始终与国家同呼吸、共命运，到祖国最需要的地方去，不驰于空想、不骛于虚声，脚踏实地、实干力行，在各自的岗位上攻坚克难，接过时代的接力棒，助力我们的国家向现代化强国迈进！

二要开拓人生格局，臻于至善，做精益型的能工巧匠、大国工匠。思路决定出路，高度决定深度，格局决定结局。"心有多大，舞台就有多大。"今年 4 月，你们的老师陈楚获得了"全国五一劳动奖章"。他躬身三尺讲台，胸怀教育，在平凡的教学岗位上潜心钻研，践行了专心致志的工匠精神，雕刻了匠心闪耀的精彩人生。你们的学长毛玉刚，从普通钳工成长为主任工程师，从汽轮机修到发明创造，多次革新技术、攻关难题，获得了全国劳动模范等多项殊荣。希望你们都能静下心来、摒弃浮躁、谦虚谨慎、精益求精，用工匠精神打磨青春、锻造人生，用工匠精神雕刻成功事业，创造美好生活，实现人生价值，让青春更加斗志昂扬。

三要走在时代前列，勇于探索，做创新型的能工巧匠、大国工匠。科技进步日新月异，你们要有发明家一样的创新精神，心怀梦想，勇往直前。你们 2009 届的学姐陈丹，在校期间就创办了自己的实体服装店，毕业后坚持学习新知识、新技能，自主创办了女装设计师品牌，荣获了腾讯2019 国际新尚奖时尚影响力设计师品牌。"人的出身无法改变，但可以找准人生的方向；人生的长度无法改变，但可以打磨人生的精度。"同学们，你们即将踏上建功立业的新征程，长江"后浪"逐"前浪"，一浪更比一浪强。我们都在同一条奔涌的河流中，每一代人都有每一代人的使命，都要在奔涌前行的时代浪潮中，掀起属于我们自己的"浪头"。希望你们立足岗位，开拓创新，像一只"等风来不如追风去"的"雨燕"，在时代的洪流浪涛中匠心筑梦、励志笃行。

复杂的事情简单做，你才能成为专家；简单的事情重复做，你才能成为行家；重复的事情用心做，你才能成为赢家。希望你们永远干在实处、走在前列、勇立潮头，愿你们在今后的道路上，眼里有光、肩上有责、手中有艺、脚下有劲，成就出彩人生！

毕业有期，情谊无期，未来可期。请记住，除了诗和远方，还有学源街 68 号。母校永远守望你们，祝福你们，期盼你们回家！

（作者系杭州职业技术学院院长）

希望同学们在日后的学习工作与生活中，坚定信念，热爱祖国，砥砺奋斗，技能傍身，文化加持，早日成为高素质技术技能人才、能工巧匠、大国工匠。

争做"四有"的时代新人

沈士德

三年求学时光转瞬即逝，不知不觉已到了毕业时分。三年前，你们踏入江苏建筑职业技术学院，精神抖擞；今天，你们就要跨入社会，依然神采奕奕。因疫情防控的原因，我们以线上线下结合的形式共同见证 2021 届青年学子们的毕业典礼。

你们是"百年一遇"的毕业生，今年 7 月，中国共产党将迎来 100 周年华诞，我们的党立志于中华民族千秋伟业，百年恰似风华正茂。你们是历史赋予重大使命的毕业生，站在"两个一百年"的历史交汇点，肩负着全面建设社会主义现代化国家新征程的光荣任务；你们是幸运的毕业生，面对全球性新冠肺炎疫情，举国上下，勠力同心，抗击疫情，为大家营造了安全的生活学习环境；

你们是幸福的毕业生，见证了学校在新一轮职教改革中取得的成绩，学校成为中国特色高水平院校、国家优质院校、江苏省高水平院校、江苏省卓越院校建设单位，校园面貌焕然一新，学校事业蒸蒸日上。

在校三年，寒暑三易，我们见证了你们的渐次成长，学校也留下了你们的多彩印象。全国技能大赛一等奖、"双创"竞赛一等奖、挑战杯金奖、数学建模大赛、棒垒球、舞龙舞狮等项目都获得了全国大奖，这些都凝聚着我们全体毕业生的辛勤努力和艰辛付出。在这三年里，你们从远离父母、初入校门时的青春懵懂，到如今学有所成、即将奔赴新的战场，每一位同学都以自己的行动，注解了成长，绘制了多彩的建院学习生活画卷。

今年，我们共有4395名毕业生，你们当中共有6238人次获得奖学金，有11名学生通过英语六级考试，260名学生通过英语四级考试；有859名学生成功转入本科，上线率达41%，你们当中有"中国大学生自强之星""江苏省优秀学生干部""江苏省优秀三好学生""江苏省抗疫先进个人"等国家级、省级荣誉称号获得者。今天，我们还有两位优秀毕业生不能领取毕业证书——建筑装饰学院的许妍、孙玉环，她们在今年4月取得江苏省高职院校职业技能大赛一等奖的成绩后，又参加了国赛遴选赛，取得全省第一名的好成绩，现在正在山东济南代表江苏省参加全国职业技能大赛的建筑装饰技术应用赛项，整个赛事为期两天共13小时，在这里我们也预祝她们俩取得优异的成绩。我们还有一个比较特殊的宿舍——学2-101宿舍，里面住着6位有颜值又有才华的学生，他们拥有同一个身份——退伍士兵，毕业前实现全员上岸，3名同学考入铁路系统铁路机车乘务员，3名同学转入本科院校继续深造。我们还有很多和他们一样甚至更优秀的毕业学生，这里就不再一一介绍他们的事迹。总结成一句话：我们的学生学习是勤奋的，成绩是优异的，个个都是响当当的。

临别之际，我有几句话与大家共勉，希望同学们在日后的学习工作与生活中，坚定信念，热爱祖国，砥砺奋斗，技能傍身，文化加持，早日成为高素质技术技能人才、能工巧匠、大国工匠。

一是坚定理想信念，热爱伟大祖国。大家要牢记学校的前身是中国人民解放军基建工程兵第三技术学校，在国家最需要的时刻，我们迎难而上、艰苦奋斗、敢打敢拼、一往无前，铸就的"军校文化"成为我们宝贵的精神财富。大家要赓续红色血脉，从中激发信仰、汲取力量，树立远大理想，坚定爱国方向，立大志、明大德、成大才、担大任，不断增强做中国人的志气、骨气、底气，努力成为堪当民族复兴重任的时代新人，让青春在为祖国、为民族、为人民、为人类的不懈奋斗中绽放绚丽之花。

二是厚筑道德底蕴，锤炼品德修养。习近平总书记讲道："青年要把正确的道德认知、自觉的道德养成、积极的道德实践紧密结合起来，不断修身立德，打牢道德根基，在人生道路上走得更正、走得更远。"建院学子更要自觉树立和践行社会主义核心价值观，善于从中华民族优秀传统文化、革命文化和社会主义先进文化中汲取道德滋养，从学校独有的军校文化、煤炭文化、建筑文化、校友文化中厚实道德底蕴，在自身内省中提升个人品德，坚决抵制庸俗、低俗、媚俗之风，始终保持健康向上的精神风貌。

三是苦练技能本领，肩负责任前行。希望你们抓住学习知识、苦练技能、增长本领的黄金时期，特别是进入社会后，更要把学习同思考、理论同实践紧密结合起来，勇于创新，深刻理解把握时代潮流和国家需要，用新知识、新思想、新技能充实自己，将所学所知、创新创意转化为解决实际问题的能力，做好每一件事情、完成每一项任务、履行每一项职责，争创一流业绩，成长为各行各业的行家里手。注重培养科学的思维方法和能力，紧跟时代步伐，到祖国最需要的地方建功立业，在肩负时代重任时行胜于言，在真刀真枪的实干中成就一番事业，以聪明才智贡献国家，以开拓进取服务社会，以实际行动践行爱国之情、报国之志。

幸福是奋斗出来的，奋斗是青春最亮丽的底色，你们要正确认识时代责任与历史使命，正确对待远大抱负与脚踏实地，以青春之我、奋斗之我，努力做社会主义事业的合格建设者和可靠接班人。未来的就业、创业之路上，再没有了老师的耳提面命、同学的关心照顾，没有了嘹亮的起床号，没有了宽敞的图书馆与热闹的运动场，大家也要记得养成良好的生活、学习习惯，培育健康心态，加强身体锻炼，处好人际关系，依靠辛勤努力，创造属于自己的人生精彩。

你们正处于一个伟大的时代，一个追梦的时代。国家实现第一个百年目标时，你们很多人才刚刚 20 岁，正值风华正茂；到 2050 年国家实现第二个百年目标时，你们刚过中年，依然斗志激昂。这 30 年是建设社会主义现代化强国的 30 年，是你们肩负实现中国梦这个历史重任的 30 年。2021 年是建党 100 周年，希望同学们认真学习百年党史，永葆家国情怀，勇担时代使命，把爱国爱党之情和强国之志融入时代伟业，以实际行动为实现"两个一百年"奋斗目标贡献智慧和力量。

千言万语道不尽，只待花开再逢时。母校永远是你们的加油站、充电桩、憩息地，请带上母校的深深祝福，备好行囊，整装出发，此去应是星辰大海，愿诸君扬帆远航。

祝愿同学们前程似锦，幸福安康！

（作者系江苏建筑职业技术学院院长）

未来的逐梦路上，希望所有的毕业生"逢盛世不负盛世、生逢时奋斗其时"，生活有温度，做人有态度，干事创业有高度。

相遇百年　逐梦前行

王天哲

时维仲夏，万物并秀。今天，我们欢聚一堂，隆重举行 2021 届学生毕业典礼，欢送来自全国 25 个省市的 3939 名学子。在这里，我代表全校教职员工和 10118 名中外在校生，向圆满完成学业的同学，致以最热烈的祝贺；对大家即将开启新征程致以最衷心的祝愿；向为你们辛勤付出、无私奉献的家长和老师们致以崇高的敬意！

时光煮雨，岁月缝花。同学们怀着梦想走进陕西交通职业技术学院，在这里度过了美好的大学时光。三年来，大家见证了学校被确立为国家优质院校和 1+X 制度试点院校；目睹了新校区征建的稳步推进，学校进入高质量发展的快车道；这三年，同学们虽然没有入住新校区，但是赶上了在"网红餐厅"至善堂用餐的一届，是在校迎来新中国成立 70 周年和五四运动 100 周年的一届，是沉着应对新冠肺炎疫情考验、顺利完成学习任务又恰逢建党 100 周年之时毕业的一届。我想，学校的历史会记住我们同呼吸、共命运的日子。

这三年，你们与学校同向偕行的同时，也淬炼成长了许多。我能清晰地回忆起你们当中奋战在抗疫一线的乔何博、王帆同学；在微视频大赛中获得一等奖的郭开发同学；奉献基层、服务边疆的李弈亮同学；走出国门服务"一带一路"建设的王帅、何旭超、刘嘉蓉等 18 名学子；在"三下乡"中获得"优秀志愿队"称号的"医疗卫生"等团队成员……这些同学，或在疫情期间迎难而上、逆向而行、担当有为；或在学业上乘风破浪、勇毅笃行；或听从党和国家召唤建功立业；或积极践行奉献友爱、互助进步的传统美德。你们用骄人的成绩写就了"人人成才，人人出彩"的毕业答卷。

尺璧寸阴，岁不与我。今天站在实现"第二个一百年"奋斗目标的历史起点上，你们更应该将个人命运与中华民族伟大复兴的中国梦紧密联系在一起，把奋进不息、永不言败的精神当作人生底色，把勇担时代重任、成就不凡人生的信条作为人生追求。认真学习贯彻习近平总书记在庆祝建党百年大会重要讲话中对青年提出的期望和要求，增强做中国人的志气、骨气、底气，在危机中育新机、于变局中开新局！

临别之际，我把千言万语汇聚成三句话送给大家。

第一，长志气。

青春不只是"纸短情长"，也不是"秋天的第一杯奶茶"，而是要立大志、长志气。一个人有无成就，很大程度上取决于青年时期是否有志气。同学们可以为实现自己的"小时代"而努力，但更应该为这个"新时代"而奋斗，"躺平"永远不会实现中华民族的伟大复兴。毛泽东青年时代就立志要做大事，发誓要"翻天揭地、改造社会"；周恩来 13 岁时立大志、不存小己，回答老师提问说"为中华之崛起而读书"；不满 16 周岁的习近平到陕北黄土高坡当知青，7 年的插队生活让他立下了"从政，做一些为老百姓办好事的工作"的壮志……正是一代代共产党人有强大的志气，才能经千难而前仆后继、历万险而锲而不舍。今天，历史的接力棒传到了大家手中。面向未来，走好新时代长征路，更需要增强做中国人的志气，怀揣与时代同步伐、与人民共命运的伟大志向，将青春梦和伟大复兴的中国梦紧密联系在一起，成为实现中华民族伟大复兴的先锋力量！

第二，强骨气。

骨气是一种刚强不屈的人格和操守，是"富贵不能淫"的品质结晶，是"贫贱不能移"的信仰凝练，是"威武不能屈"的执着追求。这种高尚的情操从古时起就流淌在中华民族的血脉里。从"亦余心之所善兮，虽九死其犹未悔"的屈原，到"留取丹心照汗青"的文天祥，到"去留肝胆两昆仑"的谭嗣同，再到"情愿饿死也不领美国救济粮"的朱自清，无数仁人志士身体力行地弘扬着中国人的骨气。在新时期，我们年轻人更要赓续红色血脉，从党的奋斗历程和革命先烈事迹中汲取力量，用不卑不亢的骨气，在新征程中勇立潮头、逐浪前行，让青春在实现中华民族伟大复兴中国梦的征程中，焕发出更加绚丽的光彩。

第三，增底气。

底气就是自己要相信自己。人生变幻莫测，在充满竞争、挑战和机遇的现代社会更是如此，是向命运低头屈服，甘当命运的注脚，还是努力奋斗，增强本领，刻苦锻炼，增强底气？在这里，我给大家讲个小故事。《当幸福来敲门》里的男主加纳，在银行卡只剩下21元钱，交不起房租、交不起学费，带着儿子流落街头、四处碰壁时，不认命地"知其不可为而为之"，仍然坚定地相信自己的潜力，不断努力奋斗，最终驾驭了自己的生命航程。同学们正处在中国特色社会主义进入新时代的历史方位中，又置身于实现中华民族伟大复兴的时代洪流中，这个盛世就是你们的底气所在！希望你们在时代赋予的底气中踏浪前行，砥砺自我，奋斗不懈，最终站在人生舞台的"C位"。

君行吾为发浩歌，鲲鹏激浪从兹始。未来的逐梦路上，希望所有的毕业生"逢盛世不负盛世、生逢时奋斗其时"，生活有温度，做人有态度，干事创业有高度。请记住，母校永远是你们炙热的恒星，陪伴你们勇敢前行。由衷地祝愿大家：岁月无波澜，余生不悲欢，过去犹可忆，未来诚可期。母校等待着各位学子快乐成长，奉献社会，服务国家，走向成功的佳音。

（作者系陕西交通职业技术学院院长）

我希望，大家一定要做一粒粒好种子，优质
的种子，出色的种子，如凌家山上灿烂的樱花，
如体育馆前傲放的蜡梅，如凌曦楼前挺拔的银杏，
如西逸大道旁繁茂的香樟，在学校精神的滋养下，
生根发芽、破土而出、奋力生长。

沐时代之光　谱青春华章

李洪渠

今天，我们相约凌家山下，为2021届6516名毕业
生举行毕业典礼。

同学们，你们生逢盛世，何其幸运！完成学业，走
出武汉职业技术学院，正是举国庆祝中国共产党百年华
诞，走向强国大业新征程的特殊时期。此时，回望我们
在一起的1035天，真是感慨万千。

三年来，我们共同见证了9899万农村贫困人口全部
脱贫的伟大奇迹在华夏大地书写；我们共同见证了大国
重器、中国制造在神州大地、宇宙苍穹精彩亮相；我们
共同经历了疫情肆虐下党领导全国人民的同舟共济、攻
坚克难，也一起经历了烟火缭绕中武汉重启的缕缕温情
与勃勃生机。所有这一切，让我们更加读懂中国，更加

自信自立，也更加懂得珍惜。

三年来，学校坚守育人初心，努力做到"把最好的都给学生"。西四学生公寓拔地而起，学生服务中心一站式服务，翻修的运动场焕然一新。三年来，学校坚持守正创新，"五个思政"落地生根，"三全育人"同心同向，"三教改革"深入推进，学校获评"国家优质专科高等职业院校"，入选全国"双高"建设单位，获评"学生管理、教学资源、国际影响力"等多个50强，荣获"全国五四红旗团委"、省级文明校园、党建示范单位等多项荣誉。

三年来，同学们在"听党话、跟党走"的诺言中与时代同行。大家在"青年大学习""与信仰对话""青春心向党、建功新时代"等主题活动中学习宣传习近平新时代中国特色社会主义思想；在社会实践、经典诵读、知识竞赛和匠心中国故事大会中，学习党史、新中国史、改革开放史和社会主义发展史，获取积极进取的正能量，为做大国工匠打基础。大家起笔青春芳华，落笔家国天下，用精美的作品庆祝中华人民共和国成立70周年；大家放声高歌、青春激昂，"在五月的花海"里用歌声纪念五四运动100周年；大家不畏酷暑、刻苦训练，用志愿服务军运会践行着社会主义核心价值观。

我们共同经历的一切，以及蕴含其中的担当与责任、勇敢与奋斗、感动与温情，都是专属于大家的校园故事，都将镌刻在每个人的青春记忆里。一个月前，我国"杂交水稻之父"、中国工程院院士、"共和国勋章"获得者袁隆平先生逝世，全国人民自发地以各种形式缅怀、致敬、追思、感恩，这是对国士的敬重，更是对科学的尊重。袁老先生曾说："人就像一粒种子，要做一粒好种子，身体、精神、情感都要健康。种子健康了，我们每个人的事业才能根深叶茂，枝粗果硕。"袁老用孜孜不倦奋斗的一生，写下了最铿锵的注脚。

高山仰止，景行行止；虽不能至，心向往之。从今天起，大家便是一粒粒种子，从凌家山出发，扬帆起航、乘风破浪，撒播到祖国广袤而富饶的大地，落地生根、开花结果。我希望，大家一定要做一粒粒好种子，优质的种子，出色的种子，如凌家山上灿烂的樱花，如体育馆前傲放的蜡梅，如凌曦楼前挺拔的银杏，如西逸大道旁繁茂的香樟，在学校精神的滋养下，生根发芽、破土而出、奋力生长。

离别之际，我想和大家再说几句话。

第一，踏上征途，要携志气出发。

人生要如奋力向上的凌霄花，"披云似有凌云志，向日宁无捧日心"。携志气，就要立大志、立长志，立报国之志。敬爱的周恩来总理，少年立志"为中华之崛起而读书"，并写下了"面壁十年图破壁，难酬蹈海亦英雄"的济世豪言，一生为国家、为人民鞠躬尽瘁，是中华民族璀璨的巨星。尊敬的袁隆平院士，年少时立下"让所有人远离饥饿"的志向，并为之奋斗一生，为世界粮食安全呕心沥血、居功至伟，是真正的国士无双。在中华民族苦难而辉煌的奋斗史上，还有很多很多这样的楷模，他们胸怀天下、心系黎民，在各自的领域创造出彪炳史册的成绩，汇聚成了中华民族世代传承、生生不息的信仰、精神和磅礴力量。

今日的中国，经济快速增长、科技日新月异、社会和谐稳定，富强、民主、文明、和谐、美丽的祖国给大家追梦圆梦提供了温暖的沃土。新发展阶段、新发展理念、新发展格局给每个人提供了更加炫丽的舞台，大家未来可期，大家也肩负重任，全面建设社会主义现代化国家、实现第二个百年奋斗目标需要你们去完成。请大家牢记习近平总书记的嘱托，坚定前进信心，立大志、明大德、成大才、担大任，用青春书写新时代的精彩华章，让人生在为祖国、为民族、为人民的不懈奋斗中绽放绚丽之花。

第二，踏上征途，要与骨气为伴。

人生要做傲立风雪的苍松，"寒暑不能移，岁月不能败"。骨气是什么？是深入骨髓的志气，是刚强不屈的人格，是百折不屈的操守。千百年来，中华儿女百折不挠、宁死不屈的气节早已随着唐诗宋词、汉赋元曲融进了所有炎黄子孙的血脉里。孟子坚持"富贵不能淫，贫贱不能移，威武不能屈"是骨气，王勃坚持"穷且益坚，不坠青云之志"是骨气，文天祥信奉"人生自古谁无死？留取丹心照汗青"是骨气，屈原沉江殉国、朱自清饿死不领"救济粮"也是骨气。

新中国成立以来，面对西方国家的百般挑衅、阻挠、打压和封锁，在党的坚强领导下，中国人白手起家、自力更生、百业俱兴，构建起世界上最完整的工业体系、世界上最大的高速铁路网，成为世界第二大经济体，中国共产党带领 14 亿人共同建设现代化强国，这就是充沛于天地之间的君子之气、浩荡之气！面对西方的"社会主义唱衰论"和"中等收入国家陷阱"等，中国共产党砥柱中流，正确带领中国人民改革开放，砥砺前行，实现了举世瞩目的经济发展、生活水平提升，即便是受到全球疫情的巨大冲击，中国依然以最短时间实现了经济增长，更是骨气。所以今天的中国，可以庄严地向世界宣布：社会主义没有辜负中国，中国也没有辜负社会主义！

大家即将完成从"学校人"到"社会人"的角色转变，成为一名社会主义现代化事业的建设者。大家进入职场后的人生之路，或许会从跌跌撞撞开始，甚至会饱经风霜，那些"开局就是赢家"大多只是偶像剧的人设。大家都是平凡的劳动者，都要在与困难、挫折、艰辛、痛苦的斗争中吸取教训、积累经验，逐渐炼就金刚不坏之身。生命正是因为起起伏伏，才有了风吹麦浪的壮丽。希望大家在与前进路上一切不痛快斗争时，一定要傲然挺立，不屈不挠，千万不能"就地躺平"。犹如这段时间火遍世界的云南"断鼻家族"，暴走路上一路"象"前。除了与困难抗衡，还要与诱惑斗争，这似乎更难。因为诱惑不但穿着美丽的外衣，还高举着能填满你欲望之壑的宝物，让人难以抗拒。骨头不硬的人，一不小心便会用摧眉折腰、节操落地，到头是身与名俱灭。人说"奔走红尘，不要忘了自己是书生"，我说"步入职场，要努力做最好的自己"！面对风高浪急，不惧、不畏！面对纸醉金迷，不惑、不乱！

第三，踏上征途，要带底气前行。

底气是什么？底气就是中气、元气，是源自内心的自信与坦然。这底气，来自身后强大的祖国，也来自我们所接受的教育。长期以来，"考不上高中就去读中职，考不上本科就去读高职"几乎成了心照不宣的"共识"，职业教育没有获得应有的尊重。党的十八大以来，一切都在变化，习近平总书记强调指出，"在全面建设社会主义现代化新征程中，职业教育前途广阔，大有可为"。党中央、国务院高度重视大力发展现代职业教育，从《国家职业教育改革实施方案》到《本科层次职业教育专业设置管理办法（试行）》发布，从全国教育大会到全国职业教育大会召开，"职业教育与普通教育是两种不同的教育类型，具有同等重要的地位"的理念已经确立，职业教育止步于专科层次的"天花板"也将被打破，职业教育的地位和重要性日益凸显，职业院校的学生越来越优秀，越来越抢手。

武汉职业技术学院每年为社会培训六七千名高素质、高技能劳动者，初次就业率始终稳定在 95% 以上，华为、华星光电、顺丰航空、长江存储等一批优秀大企业与学校深度合作、校企融合。一批批优秀学子走进高新技术企业，快速地成长为技术骨干、能工巧匠、大国工匠。如大家的师兄卢锋，现在是中国航天科技集团五院五二九厂高级技师，完成了"神舟""天宫""北斗"等 20 多个型号的大型舱体、金属结构部件及高精度组合加工主岗工作，是中国航天事业发展的"幕后英雄"。各行各业的大国工匠，很大一部分都来自职业院校。大家要更有信心，更有底气，要在技能成才、技能报国的路上高歌猛进。学校也在积极努力，加快步伐改革创新、提质升级，我们坚信，用不了多久，家长们就会说："你不好好学习，就上不了武职啦。"

第四，踏上征途，最需要"沉住气"。

人生要如荒漠中的绿绒蒿，能花 10 年的时间精心积累和等待，一旦开花便惊艳整个世界。沉住气，就是不要急功近利，坐得住冷板凳。大家今天走出校门，可能会到车间、工地，会上飞机、地铁或者是成为新职业中的一员。无论选择什么职业，都不可能一蹴而就。成功需要漫长的积累，需要静下心来下苦功夫。沉住气，就是要不浮不躁，执着专注、精益求精，就是我们常说的要有工匠精神。近段时间被称为"韦神"的北京大学教师韦东奕，"怀抱矿泉水、手拎大馒头"，穿着简朴、说话略带羞涩的他令无数人膜拜，在他的身上，我们看到了一个"静"字。这个"静"字的背后，是对科研工作的赤诚与执着，是在浮躁世界中保持的纯真与淡然。所以有人说韦东奕这样的人是上天赐给中国的一颗明珠，他们以尘埃之姿，在民族复兴的路上奋力前行。在精神上，大家一定要学习"韦神"，追求一份专注、纯粹与安宁，这会让你们在"内卷"的大潮中远离焦虑与无序，做真实的自己。

希望大家在人生道路上，尽量别叹气、少生气、不泄气，保持锐气、为人和气、胸怀正气，在人生的路上气贯长虹，气满志得！

昨天，大家从五湖四海来；今天，你们要往天南地北去。无论你们走向何方、身处何地，凌家山下，光谷之心的母校珍藏着大家永生难忘的记忆，母校愿永远分享大家的喜悦与进步、分担大家的烦恼与忧愁。

期待你们常归来看看！

（作者系武汉职业技术学院党委书记、院长）

第二章

匠心

自律是什么？"自律，是解决人生问题的首
要工具，也是消除人生痛苦的重要手段。"不自律，
无前程；不自律，无自由。一个自律的人，才会
懂得自爱、勇于自省、善于自控，才能在未来和
更美好的自己相遇。

做一个自律的人

孙兴洋

去年的云毕业典礼上，我讲了"如何涵养敬畏之心"，
告诉同学们，只有懂得尊重自然、遵守规则、敬重生命，
人生才会获得可持续发展，因为敬畏之心是我们安身立
命的根本。今天我想与同学们聊一聊，如何做一个自律
的人。

自律是什么？"自律，是解决人生问题的首要工具，
也是消除人生痛苦的重要手段。"不自律，无前程；不
自律，无自由。一个自律的人，才会懂得自爱、勇于自省、
善于自控，才能在未来和更美好的自己相遇。

下面我就自律与大家分享三点体会。

一、坚定理想，寻找自律的动力

人的一生一定要有理想，没有理想，人生便会失去

前行的方向，在哪里都是流浪。坚定的理想是保持自律和不懈奋斗的动力。电视剧《山海情》中的主人公马得福，立志把家乡打造成"塞上江南"，带领父老乡亲摆脱贫困奔小康。正是怀揣这个美好的梦想，他完成了一项又一项虽艰难但正确的事情。千言万语说服村民配合"吊庄移民"工作；千山万水软磨硬泡供电所给移民村通电；千辛万苦鼓励村里姑娘去福建务工；他最终克服了千难万险，化"干沙滩"为"金沙滩"，使村民过上了富足幸福的生活。对有梦想、有目标的人来讲，自律就是武器，它能辅助梦想早日实现，助力目标尽快达成。

坚定的理想，如同自律的源头活水，不但能滋润我们干涸的心灵，唤醒我们沉睡的意志，而且能驱使自律成为融入血液和刻进生命的习惯和力量。"一粒粮食可以救一个国家，也可以绊倒一个国家。""杂交水稻之父"、共和国勋章获得者袁隆平院士振聋发聩的话语犹在耳边。他说："我一直有两个梦。一个是禾下乘凉梦，我梦见水稻长得有高粱那么高，穗子像扫把那么长，颗粒像花生那么大；另一个梦，就是杂交水稻走向世界、覆盖全球梦。为的就是让天下苍生能吃饱肚子，从此不再挨饿。"他一辈子躬耕田野，把论文写在祖国大地上，让饭碗牢牢地掌握在中国人自己手上。这位90多岁的老人，以"择一事终一生"的执着专注，"干一行专一行"的精益求精，"偏毫厘不敢安"的一丝不苟，"千万锤成一器"的卓越追求，用一生的时间把中华光明铺就，他也化作了神州大地上那颗最闪亮的星。

二、坚守内心，养成自律的习惯

自律比懒散痛苦，放弃比坚持轻松，学坏比学好容易。我们虽常常愤怒于自己肆意泛滥的欲望，但还是沉沦于当下的即时快感。想看书，发了会儿呆便收不回来；想健身，心想还是"葛优躺"舒服；想吃顿健康餐，肚子一响便又吃香喝辣；想睡个美容觉，拿起手机便控制不住……是不是觉得这些场景似曾相识？"向来心是看客心，奈何人是剧中人。"手机既是了解世界的便捷渠道，也是滋生欲望的罪魁祸首。多少人手不离机，机不离心？纵然学业耽误了，睡眠减少了，健康受损了，却依然是"手机虐我千百遍，我待手机如初恋"。

如果有几个令你无法自律的理由，那么你就要认清那只不过是一堆借口罢了。如果想让自己的人生更有成效，你就应毅然决然地向借口提出挑战。因为所有成就的甜，都源自自律的苦。

1955 年，"两弹一星"元勋钱学森不顾美国的疯狂阻挠，毅然放弃优厚的待遇，坚守"学成必归，报效祖国"的信念，义无反顾地投入祖国母亲的怀抱。钱学森说："我在美国前三四年是学习，后十几年是工作，所有这一切都在做准备，就是为了有朝一日回到祖国后，能为人民做点事。因为我是中国人。"他走的每一步，都深深刻上了"忠诚"和"坚定"的烙印，践行着"洋装虽然穿在身，我心依然是中国心"的初心使命，他用11 个"第一"，让钱学森这个名字，从此熔铸民族北斗。

"时代楷模"曲建武老师从辅导员工作起步，又从正厅级岗位辞职，回归辅导员岗位，兜兜转转大半辈子，只为那份对教育事业的执着和热爱。他常说："一生即便一无所有，但有了学生便有了一切！"这位爱生如子的"最美奋斗者"，只要提到学生，他的眼睛就会闪亮，脸上神采飞扬。他把一份矢志不渝的坚守，写在了大爱无声中。

三、坚持自律，实现自由的人生

康德说："自律使我们与众不同，自律令我们活得更高级。"也正是自律，使我们获得更自由的人生。

科比·布莱恩特被誉为"NBA 史上第八大奇迹"，是球迷心目中的天王。每天凌晨 4 点起床练习篮球，几十年如一日，从不间断。他坚信，星光总在夜深处。他在训练中多付出的时间，可能是其他球员一生都无法超越的。科比是篮球界自律到极致的训练狂，他依靠着自己的努力和实力，精彩演绎了"虽然人已不在江湖，但江湖依然有你的传说"的生动故事。

常听同学们说，"我要我的 freestyle"。虽然自由是人心所向，殊不知，没有十年如一日的自律，你如何能获得内心的充实与自由？有一款名为"Keep"的健身 APP，你一打开它，便会看到一句话——"自律给我自由"。APP 里记录着你日积月累的时间和轨迹。不愿付出时间，你如何能获得身体健康的自由和穿衣时的身材自由？所有耍的滑、偷的懒，终将会被时间慢慢清算。短视的轻松，换不来内心长久的自由。如果把运动、健康餐、美容觉等美好事物，自然而然地融入日常生活中，时间也会善待每一个用心付出和热爱生活的人，它会用健康和美丽来犒赏自律的人们。

自律是一个任重而道远的过程，它并不是一蹴而就，它需要我们长期不懈地坚持与坚守。当自律能内化于心、外化于行，变成无须提醒的自觉时，你感受到的就不再是约束，而是让自己变得更加强大，从而实现自由而全面发展的人生。

自律既是一种觉悟，也是一种素质，更是一种能力。它能定你意志、守你内心、给你自由。没有自律和自觉，就不会有真正的自由和自在。我希望你们做一个自律的人，在自律中心怀梦想、砥砺前行；在自律中弘毅守正、增长才干；在自律中盈科匠心、成就自我。我相信，你们都能通过自律成就更加美好的人生，卓然而立，自成光芒；闪耀自己，照亮他人！

"浩渺行无极，扬帆但信风。"三年的校园生活即将成为回忆，你们的身影也已经融进了学校的血液。不论你身在何处，学校血脉已将你我紧密相连；也无论你走多远，学校都是我们永续的精神家园！

再见了同学们，愿花长好，月长圆，人长健；是志相同，不相见，常相忆；再见了同学们，愿你们都能成为"心中有爱，眼中有人，肚中有货，手中有艺"的新时代大国工匠！

（作者系无锡科技职业技术学院院长）

> 我们需要发扬"桥"的精神——诺于托举、
> 信于链接！我们需要展示"桥"的担当——地久
> 天长的是仁与义，相生相伴的是智与信！唯有如
> 此，我们才能以"天医星"传人的责任与道义，
> 为人类架起健康之桥、生命之桥、幸福之桥。

诺于托举　信于链接

吉文桥

谷雨春风，夏意蔚然。在这春夏交融的"四月天"，我们为护理与助产学院 1212 名同学举办 2021 届"天医星"学子毕业典礼。

医者，是人类健康的架桥人，是生命之桥的守护人。健康所系，性命相托，神圣无比。我们需要发扬"桥"的精神——诺于托举、信于链接！我们需要展示"桥"的担当——地久天长的是仁与义，相生相伴的是智与信！唯有如此，我们才能以"天医星"传人的责任与道义，为人类架起健康之桥、生命之桥、幸福之桥。

毕业之际，作为师者、长者，我有三句毕业寄语与同学们共勉。

一是希望你们以精微之心去做一个勇于攀登医学高

峰的"入世者"。

"精微"，强调的是极尽精微的医学科学精神。人命至重，有贵千金。医学不仅是至精至微之事，更是至高至深之事。它要求我们无论为人、为学、为医、为护，都要精致、精微、精深。"尽精微"是古今中外"大家"必备的职业素养。可以说，不极尽精微，就无以"入世""立世""济世"。自古以来，一代代医者精研岐黄，以对人的生命的尊重与敬畏之心，帮助患者祛疾除病。从 5000 年前的口尝百草的神农，到今天战疫"英雄"陈薇，无一不是如此。

二是希望你们以精诚之心去做一个大医精诚的"得道者"。

"精诚"之心，强调的是医道医德。把"精诚"作为医者的一种至高的道德追求。要以"见彼苦恼，若己之有"，去设身处地地为患者着想，替患者分忧，解痛医疾疗伤。医者，要成为让患者放心的健康与生命的托付者。精诚之心，强调的是至臻至善之医德，对医护人员来说，不仅要有精湛的医技医术，更要具备高尚的医德。要做到有医无类，大医无疆，以不遗余力，不遗余智，不遗余勇，去以命搏命的修为，践行上替昊天行医道，下替黎民求安生。

三是希望你们以精瘁之心去做一个医者仁心的"济世者""成仁者"。

对医者而言，尽精瘁之心，就是要立志"瘁于学医、瘁于行医、瘁于研医"。历代的大医先贤，无不是精瘁于医的典范，华夏人文初祖炎黄，中西医祖扁鹊、希波克拉底，外科圣手华佗，医圣张仲景，实证医学奠基者盖伦，药王孙思邈，温病宗师吴鞠通，护理先驱钱襄、南丁格尔……在这不可列数的先贤先圣"肩道殉义"的医业生涯中，总能看到尝百草的炎帝神农不死的献身精神！这是先贤们闪烁出的精瘁于医的泰斗之光！在去年以来发生的抗击新冠肺炎疫情的伟大战"疫"中，广大医护工作者白衣为甲、逆行抗"疫"，用血肉之躯筑起阻击病毒的钢铁长城。在他们身上，体现的就是我们医护毕业生誓词中倡导的"三个泰然"，即"从事医业泰然无悔，面对疾病泰然无惧，身处名利泰然无争"。"泰然"是一种气魄、一种胸怀，更是一种气节、一种修养，是由内而外散发出来的从容与执着；"无惧"是一种顽强的意志，"无争"是一种舍得的淡泊与人生智慧，"无悔"则是一种恒定的职业文化信仰。

一代人有一代人的使命，一代人有一代人的担当。今年4月19日，习近平总书记在清华大学考察时强调，"当代中国青年是与新时代同向同行、共同前进的一代，生逢盛世，肩负重任"。作为"天医星"的传人，在我们美丽的母校，读书台有你们宣誓医学生誓词的回响，轩辕阁有你们绽放的青春理想，"天医星"博物馆将有你们作为"天医星"传人走向未来与辉煌的"大模大样"！期待同学们常回母校走一走、看一看！祝愿同学们未来可期，鹏程万里！

（作者系江苏护理职业学院党委书记）

相信梦想是价值的源泉，相信眼光决定未来的一切，相信成功的信念比成功本身更重要，相信人生有挫折没有失败，相信生命的质量来自决不妥协的信念。生逢盛世，肩负重任，你们的青春要与时代相辉映，与祖国共奋进。

惟志 惟德 惟勤

何学军

栀子花开初夏来，又是一年毕业季。在党的百年华诞即将到来之际，我们相聚在美丽的南京科技职业学院，隆重举行 2021 届毕业典礼，见证学校 2021 届 3566 名毕业生、997 名升本同学及 144 名外国留学生顺利完成学业，告别母校，起航新征程。荣耀时刻，我们分享收获的喜悦，畅想美好的未来。

岁月不居，时节如流。校园的树木郁郁葱葱，教室里洒满清澈的阳光，你们在学校度过了人生最美好的年华，你们在学习与实践的交融中锤炼品质，在求学与立业的转换中展露风采，在创新与创业的探索中彰显卓越，在抗疫和战疫的行动中勇担先锋，回望求学路，教室里埋头学习的刻苦、实验室里精心操作的专注、运动场上热血挥洒的飞扬，都成为大家生命中最难忘的记忆。你们既是学校建设历程的参与者和见证者，又是学校高质量发展的推动者和创造者。三年来，伴随着你们的成长成才，学校的各项事业也快速发展，取得骄人的成绩。学校连续两年荣获江苏省属普通高职院校考核第一等次，获批教育部首批示范性职业教育集团（联盟）培育单位，位居中国高职高专院校综合竞争力排行榜第 82 位，学校各项事业呈现出蓬勃发展的势头。这些发展和成绩也离不开你们的努力和付出。

"少年负壮气，奋烈自有时"，青春总是激荡出"一身能擘两雕弧，虏骑千重只似无"的力量，张扬着"大鹏一日同风起，扶摇直上九万里"的豪气。相信梦想是价值的源泉，相信眼光决定未来的一切，相信成功的信念比成功本身更重要，相信人生有挫折没有失败，相信生命的质量来自决不妥协的信念。生逢盛世，肩负重任，你们的青春要与时代相辉映，与祖国共奋进。

临别之际，我以"未来之路——惟志 惟德 惟勤"为题提出三点希望，与同学们共勉。

一、功崇惟志，肩负使命弘扬爱国精神

"志不求易者成，事不避难者进"，这是习近平总书记在给中国石油大学克拉玛依校区毕业生的回信中特别提及的道理。广大青年要肩负历史使命，坚定前进信心，立大志、明大德、成大才、担大任，努力成为堪当民族复兴重任的时代新人，让青春在为祖国、为民族、为人民、为人类的不懈奋斗中绽放绚丽之花。近代化学工业先驱——侯德榜先生，学校前身"远东第一大厂永利铔厂厂办校"的创办人之一，虽历经赴美留学、立志报国、创办碱厂、重建川厂的曲折人生，却一直秉承崇高的人格、科学的精神应对重重困难。范旭东先生的"爱国、科学、实业"精神，激励着我们弘扬实业报国精神，不断开拓进取。

时值党的百年华诞，回首建党百年征程，100 年前，以李大钊、邓中夏等为代表的进步先驱正是"以青春之我，创建青春之国家"的报国崇志，建立了中国最早的马克思学说研究会——亢慕义斋。继此，一代青年胸中有灯塔，身心有依托，奋斗有方向。而今岁月流转，一代人有一代人的使命，站在下一个辉煌百年的历史起点，作为步入新时代的新青年们，你们要学习先辈，传承红色基因，弘扬爱国精神，守初心、立大志，把党和国家的事业作为使命，以青春之我，为祖国建设添砖加瓦，为民族复兴铺路架桥。

未来从不会是一片坦途，你们要在各种困难和考验面前，始终保持一股永不疲倦的干劲儿、永不退缩的冲劲儿和永不服输的闯劲儿，压力面前不低头，困难面前不放弃，用无限的青春激情在平凡的岗位上创造出不平凡的业绩，用大国工匠的最高标准，书写报国的青春华章。

二、动天惟德，修身齐家赓续和美家风

惟德动天，无远弗届。小胜凭智、大胜凭德，"德者，本也"。道德之于个人、之于社会，都具有基础性意义，做人做事第一位的是崇德修身。养大德者方可成大业，立志报效祖国、服务人民，这是明大德；"己所不欲，勿施于人"，心怀感恩、乐于助人，自谦自信、宽以待人，但行好事，莫问前程，这是守公德；《周易》有云"君子以见善则迁，有过则改"，指遇到善人善事善行，要毫不迟疑地追随、仿效，发现自己有过错时，也要毫不犹豫地改正。严以律己、身体力行，这是严私德。

"家是最小国，国是千万家。"天下之本在家，身修而后家齐，家齐而后国治，国治而后天下平。同学们，面对当前复杂的世界大变局，你们要明辨是非、恪守正道，不人云亦云、盲目跟风；面对外部诱惑，你们要保持定力、严守规矩，用勤劳的双手和诚实的劳动创造美好生活，拒绝投机取巧、远离自作聪明。在构建人生格局时，要存博大去狭隘，学会在奉献集体、帮助他人中收获自我价值实现的幸福。自觉把个人理想与家国理想、民族复兴的神圣使命结合起来，将自身发展融入时代历程中，坚守服务国家的初心使命，努力承担新时代赋予的历史责任，在新时代勇立潮头、击楫中流，书青春华章，壮青春风采。

同学们即将离开老师和父母的庇护，独立生活与工作，希望你们坚守正道，坚持正义，明大德、守公德、严私德，做到知书达礼、遵纪守法，赓续中华民族传统美德，彰显新时代青年风采！

三、业广惟勤，务实耕耘不负青春韶华

"纵使思忖千百度，不如亲手下地锄。"每一项事业，不论大小，都是靠脚踏实地、一点一滴干出来的。"道虽迩，不行不至；事虽小，不为不成。"做人做事，最怕的就是只说不做，眼高手低，不论学习还是工作，都要面向实际、深入实践，实践出真知；都要苦干实干、严谨务实，一分耕耘一分收获。

我国有 1.13 万所职业院校、3088 万名在校生，在现代制造业、战略新兴产业和现代服务业等领域，一线新增从业人员 70% 以上来自职业院校，已为各行各业累计培养输送 2 亿多高素质劳动者。习近平总书记强调，在全面建成社会主义现代化国家新征程中，职业教育前途广阔、大有可为。职业教育是培养技术技能人才、促进就业创业创新、推动中国制造和服务上水平的重要基础。

我校 1991 届杰出校友薛魁，现为中国石油独山子石化分公司乙烯装置操作工、高级技师，中国石油天然气集团公司技能专家。他曾荣获"全国技术能手""中国青年五四奖章标兵""新疆维吾尔自治区有突出贡献高技能人才""中石油劳动模范"等称号及全国五一劳动奖章，享受国务院政府特殊津贴。薛魁在校期间善于学习、喜欢钻研、精心雕琢技艺，毕业后更是以一颗"螺丝钉"的精神扎根一线 30 年，始终坚持理论、实践两条线作战，工作时间学技能，业余时间学理论，他像陀螺一样不停地旋转，没有停歇的时候。他秉持踏实肯干的精神，从一名普通操作工成长为全国乙烯行业高技能人才中的领军人物。

"鲜衣怒马少年时，不负韶华行且知。"新时代中国特色社会主义建设的画卷已经展开，你们正处在苦练本领、增长才干的黄金时期，未来之路上，你们要抓紧时间学习新知识新技能，勇担时代使命与重任。希望你们脚踏实地、埋头苦干，凡事不降低标准、不放松要求；在社会的磨炼中

增长才干、提升技能、追求卓越，做到"功崇惟志，肩负使命弘扬爱国精神；动天惟德，修身齐家赓续和美家风；业广惟勤，务实耕耘不负青春韶华"，努力成为国家所需的高素质技术技能人才、能工巧匠、大国工匠。

同学们，别离是为了更好开始，"此去不经年，后会终有期"！伟大的时代召唤你们，伟大的事业需要你们！天涯海角，山南水北，愿有前程可奔赴，亦有青春可回首，无论何时，母校都欢迎你们常回来看看，不管何地，母校都是你们最坚强的后盾和精神的港湾。

星光不问赶路人，时光不负有心人。毕业了，愿你释放青春的风采，展开五彩的翅膀，在未来美好的日子里更加茁壮，更道一声"珍重"，送你最诚挚的祝福！同学们，衷心祝福你们一路高歌、大展宏图，前程似锦、事业成功、生活幸福！

（作者系南京科技职业学院院长）

希望你们在个人成长与国家发展的同频共振中，演绎出属于每一个人的"C位"精彩！面对挫折和艰难时，始终保持坚定的意志，在未来的人生征途中，努力打造一个更加"硬核"的自我。

打造一个更加"硬核"的自我

赵居礼

相逢总有千言，离别仅需二字。转眼间，又到了深情话别的时节。

三年前，一场理想与现实之间的激烈思辨，让你们激情满怀，带着对大学的憧憬和向往，在人生最关键的十字路口，选择了西安航空职业技术学院。今天，你们将以一个全新的角色去开始新的人生旅程。也是从今天开始无论是鲜花掌声，还是风吹浪打，都需要独自面对，人生的酸甜苦辣也留待大家慢慢品味。

今年，我校共有来自16个省、14个民族的4381名同学即将毕业。除部分同学要继续到更高的学府深造，多数同学将进入社会、走上工作岗位。你们当中267名同学光荣加入中国共产党；有28人次获得国家奖学金；

程桐杨、田东旭、王龙杰等同学，积极投身科技创新实践，收获了"互联网 +""创青春"等国家级、省级奖项；陈山同学获得全国大学生"自强之星"称号；藏笑天、季博旭、杨家辉等同学励志携笔从戎，让青春在保家卫国的誓言中熠熠生辉；王秋明、段梦云、张梦妮等 526 名同学将前往陕西理工大学、西安航空学院等本科院校继续深造；栗英杰同学在全国职业院校技能大赛"现代电气控制系统安装与调试"赛项中斩获国家级一等奖。今年学校毕业生就业率 94.20％，就职于 190 余家国有企业，其中航空工业／航发企业 90 余家，航空公司／机场近 20 个。愿你们每一个人都能在各自的工作岗位上，秉承"西航精神"，牢记航空报国使命，在平凡岗位做出不平凡的贡献。你们不仅在学业和思想上取得了长足进步，也在学校发展的历史画卷中留下了辉煌的一页。我为能和你们一起与西航同行而感到自豪，为你们的成长和进步而感到欣慰，更为你们即将走向社会承担起崇高的社会责任而感到骄傲！

在我们中国的传统文化中，"100"象征圆满又寄托着希望。当历史的车轮来到 2021 年，我们迎来了中国共产党百年华诞，同时也将开启全面建设社会主义现代化国家的新征程。作为亲历"两个一百年"交汇的新时代大学生，你们承载着特殊的历史使命和光荣的时代使命。

你们用大学时光浇筑了梦想的人生，祝愿你们梦想成真。我相信，梦想不会辜负奋进的人生。你们是生逢其时的优秀学习者。在国家启动"双高"建设的背景下，你们在校园收获了知识、能力、素质。在大家共同努力下，学校也在"双高"建设的道路上，变得更加有自信，更有底气！实训楼、图书馆、怡情苑、运动场、体育馆每一处都有你们青春的身影。谢谢你们为学校发光发热，学校因为你们，变得更加有声有色，衷心地感谢你们！

在你们求学的这三年，尽管由于各种原因，学校没有完全满足你们的全部诉求，但是，三年时间中，你们聆听着"尚德躬行，笃学擅用"的校训，将所有的抱怨，转换为对学校的理解和支持，这种理解始终让我感动。母校是什么，母校就是那个无数遍被吐槽、离别时却依然舍不得说"再见"的地方！

今天，是你们人生新的起点。在离别之际，我对大家提出三点期望。

第一，永远保持一颗求知之心，追求卓越，精益求精，以工匠精神砥砺奋进。

毕业是课堂学习的终结，也是人生路上新的学习阶段的开始。在社会的大课堂中，你们将会遇到更为艰难的社会考试，将会面对更为严峻的生活考验，希望你们保持一颗求知之心，立足于自身岗位，积极实践专业技能，发扬大国工匠精神。你们要勇于探索，虚心若愚，不断探求新知，追求真理，练真本领，精益求精。希望广大同学树立远大理想抱负，追赶超越，在中国特色社会主义事业的历史进程中，在人类文明进步的伟大实践中，成就自己的理想和事业。

第二，时刻坚守一份责任之心，勇立潮头，敢于担当，用初心使命成就梦想。

梁启超先生曾说："青年人常思将来，唯思将来也，故生希望心；唯希望，故进取；唯进取，故日新。"习近平总书记在 2019 年纪念五四运动 100 周年大会上说："只要青年都勇挑重担、勇克难关、勇斗风险，中国特色社会主义就能充满活力、充满后劲、充满希望。"可见青年群体的自我属性能够给这个世界带来怎样的冲击和改变。明天，你们将离开校园走向职场，工作是另一种形式的学习，社会也是一所大学，每位同事都是老师，每个任务都是课程，每天的业绩都是考核。无论身处何处，我都希望你们能够让领导、同事、朋友从你们身上感受到属于青年人的勃勃生机。也许刚踏上工作岗位，你们经验不足、历练不够，但是要让大家知道，你们有想做、想为、想成事的冲劲，这样，才能脱颖而出，才能把握机会。"大鹏一日同风起，扶摇直上九万里"，时代赋予了你们无限的可能，希望你们能够在人生变革的一次次思考和历练中，勇立潮头、敢于担当，从而成就自己的人生梦想和家国梦想。

第三，持久拥有一颗开放宽容的心，热爱生活，包容自信，用双手去拥抱生活。

　　海纳百川，有容乃大。保持一颗开放宽容的心，积极看待身边的人和事，做到乐观自信，荣辱不惊，对待生活保持宽容自信，生活以痛吻我，我却报之以歌；拥有豁达、开阔、坦荡的胸襟。要懂得珍爱时间和生命，珍爱工作和生活，珍爱亲人和朋友，珍爱我们的祖国和人民。要不断强健体格，砥砺意志，锤炼人格，陶冶性情，以豁达的心态直面人生的高潮与低谷，以宽容的性情对待人生的失落与坎坷，始终自信地去成就有意义、有价值、有创造的未来。

　　时代赋予你们责任，你们因时代而光荣。今天，既是你们大学生涯的句点，也是你们人生道路的起点。从此，你们不会再和宿舍的小伙伴们"卧谈"到深夜；不会再看到黑板上老师们写下那密密麻麻的板书；不会再请同窗好友到教室里帮忙占座；也不会再到田径场上与球友们进行技艺切磋……今天你们就要毕业了，下次网购时记得把默认收货地址改一改，走出校门就没有了宿舍门禁，但也希望你们早点回家。你们走过的每一个脚印、流下的每一滴汗水，都已经深深留在了西航这片热土上。你们每一张纯真的脸庞、灿烂的笑容，都已经牢牢地镌刻在老师们的脑海中，你们离开学校，变化的只是从学生到校友的称谓，不变的是你们和母校的纯真情谊。

　　往后余生，母校是你们的铁粉，时刻关注你们的成长，母校永远是你们的驿站，累了倦了给你们依靠的肩膀。母校是你们开启征程的起点，更是你们躲避风浪的心灵港湾。希望大家不要只当"干饭人"，更要有"学习魂"，因为你们都可以成为"人上人"，少喝点"秋天的第一杯奶茶"，多在运动场上来点"奥利给"。希望你们在个人成长与国家发展的同频共振中，演绎出属于每一个人的"C位"精彩！面对挫折和艰难时，始终保持坚定的意志，在未来的人生征途中，努力打造一个更加"硬核"的自我。

　　当年追梦而来，现将逐梦而去。愿世间美好与你们环环相扣，祝愿同学们前程似锦、一帆风顺！也欢迎你们常回来看看！

（作者系西安航空职业技术学院院长）

　　浙江纺织服装职业技术学院是一所特别崇尚美好、努力追求美好的学校，希望我们的老师和同学生活得越来越美好，愿我们一起共创共赴美好前程！

健康乐观　担当有爱

郑卫东

　　同学们，每年的毕业典礼都是老师最开心的时刻，因为你们成长成才是学校的初心、老师的使命。作为校长，此时此刻代表全校教职员工有许多话想跟同学们交流，还是让我们先从 2021 届毕业班典型案例说起吧。

　　今年我们毕业生案例选择的出发点是——健康与自律。

　　纺织学院纺织检验专业林紫音、朱瑶婷、王巧儿、应亦恬四位同学认为："生活上的自律是一个循序渐进的过程，要想成为自律者，需要不断挑战自己，然后一次次反复纠正和完善自己。" 她们觉得在校期间高度自律的生活让她们收获最大，还带来平和、愉悦、舒适的情绪体验。四位同学获得的奖学金和荣誉是最好的答案。

时装学院服装工艺专业周威同学，退伍军人退伍不褪色，一直保持并带动寝室同学一起养成良好习惯。他认为，在现今快节奏生活中，没有健康的身体就无法面对高强度的工作与学习，只有身体强健才能拥有足够的体力发挥自己的潜力，取得更大成就。

中英时尚设计学院时装管理专业陈寅同学，担任校学生会主席三年来，组织参与各级各类活动百余场，热心公益活动；大学三年她一直保持专业第一的好成绩，荣获多项高等级奖学金和荣誉称号。她的秘诀是：自律才能在高强度的节奏下保持充沛的精力和体能，自律从饮食开始，从坚持锻炼做起。"自律成就自我，拼搏决定人生。"

商学院市场营销专业崔佳丽、施欣媛、李洁颖、周荧钰四位同学，在校期间连续获得多项奖学金、技能竞赛奖和各种荣誉。她们最自豪的是：洁身自好和融洽的人际关系促使她们实现了"朋辈引领、抱团取暖、彼此成就"。

机电学院轨道机电专业 1 班荣获"文明班级"称号、赢取"满贯"赛项，通过制订实施集体锻炼方案和职业化管理这种独特的方式，诠释着青春的力量和积极向上的正气。朱如意同学说："是因为班集体有坚忍不拔的意志、优良严谨的作风，方能取得如今的累累硕果。"

信息媒体学院以省级优秀毕业生获得者动漫制作专业余文君和移动应用开发专业李长生为组长的动漫创新社团，通过提升社团成员个人自我管理能力和增强集体凝聚力，在校期间承接多个原创制作任务，获省级竞赛奖项 10 余项，获"2020 年度宁波市先进大学生集体"荣誉称号。

艺术与设计学院舞蹈专业21朵"金花"连续参与"红色舞台"品牌活动、演绎多部"红色作品"，班级和个人获得多个国家、省市级奖项和荣誉。成功的背后是三年如一日的高强度训练，不断突破心理和生理的双重极限，抗住了挫折和压力，学会了努力和坚持！

由此，我确定了今天送给 2021 届毕业同学的八个字："健康乐观、担当有爱！"

走上社会，希望同学们健康乐观！

这场疫情，让我们再次意识到：人生，健康才是根本。

学校生活方式是规律的，当你独立自主的时候，在坚持独立思考、培养独立工作能力的同时，千万不要丢掉在学校时的好习惯。

有调查表明，刚刚走上工作岗位的年轻人，马上将面临高强度、高压力、时常紧张、持续过劳的工作状态，很容易产生一些不健康的工作和生活方式，如长期静坐于电脑前，一天电子产品不离手，晚上休息了还在床上发微信、上 QQ。经常熬夜上网，作息时间不规律；吃饭不规律，早饭经常不吃，晚上又吃很多；出门车上车下，不爱运动。这是在透支健康，甚至已成为少数年轻人猝死的重要诱因。大家真的要引以为戒！

健康生活方式包括适量运动、戒烟限酒、合理膳食、心理平衡四方面，以及平和上进的生活态度和良好的人际关系。说说简单，但做好着实不易，难在行动、贵在坚持！

乐观是一种非常了不起的力量，能够战胜一切困难。面对关乎生死的疫情阻击战，习近平总书记的那句"武汉人喜欢吃活鱼，在条件允许的情况下应多组织供应"，让我们更深刻地理解了乐观是战疫的一部分。乐观更体现了不怕挫折、坚韧不拔，走上工作岗位的你们要相信："心中有阳光，脚下有力量。"

"我还是从前那个少年，没有一丝丝改变，时间只不过是考验，种在心中信念丝毫未减。"平均年龄 74.5 岁的清华大学校友艺术团的队员们唱响歌曲《少年》，无数观众为他们的活力和激情所感动。"为祖国健康工作 50 年"就这样把爱国敬业、健康乐观和一所学校的精神连在了一起，这张带有清华标签的体育名片也得以传遍中国。

其实我更想说，能为祖国健康工作 50 年，与此同时，必将拥有一个和睦的家庭，必将取得成功的事业，必将度过一个快乐充实的人生！

健康生活方式助你走向幸福人生！

步入社会，希望你们担当有爱！

担当是一种态度，更是一种责任、一种行动。习近平总书记说过，"改革推进到今天，比认识更重要的是决心，比方法更关键的是担当""有多大担当才能干多大事业，尽多大责任才会有多大成就""一代人有一代人的长征，一代人有一代人的担当"。学习党史我们会发现，党的百年历史就是一部担当史，推翻"三座大山"、建立新中国，是共产党人的民族担当；实行改革开放、告别贫穷落后，是共产党人的为民担当；进入新时代，实现中华民族伟大复兴的中国梦，满足人民群众对美好生活的向往，更需要共产党人的担当。

爱有小爱和大爱。小爱表现在亲情、友情、爱情里，体现在家庭责任和职业操守上，是对家人和工作认真负责、两者兼顾；大爱是胸怀忧国忧民之心、爱国爱民之情，与祖国同呼吸、共命运。

走进职场，担当有爱就是从尊重你的单位和工作开始，就是以工匠精神干一行爱一行、钻一行精一行，就是要不断学习、敢于并善于破解各种工作难题。担当有爱就是明白工作和家庭是相辅相成、同等重要的，在努力中收获成长与爱情，做到经济独立、精神充实；勿忘父母养育之恩，有一天成为"宝妈""奶爸"时，记得"带"着美满的婚姻和出色的工作常回家看看！

历史与现实深刻教育我们："无论外部风云如何变幻，最重要的就是做好自己的事情。"每一个中国人，尤其是青年人首先要做好自己的事情。个人理想与国家前途和民族命运是紧密结合的，个人追求同社会需要和人民利益最终是一致的，"中华民族伟大复兴的中国梦终将在一代代青年的接力奋斗中变为现实"。

担当有爱使你拥有幸福人生！

不能否认，青年群体中确实也存在颓废和虚无主义、泛功利主义、"躺平""佛系"等现象，这一代的年轻人中，会有让人怒其不争的行为，也有令人恨铁不成钢的少数。

但这些不是主流。有人说，越来越感受到新一代的中国年轻人变得更有民族自豪感、更加爱国，对国家和政府的评价更趋于正面，尤其在中国和其他国家做比较时这种正面评价的倾向尤为明显。

就在 5 月 22 日，追赶袁隆平灵车的年轻人，让我们看到了什么是中国年轻人最好的样子，当代青年没有失去信仰，他们远比外界想象的要坚强且独立，他们正慢慢成为社会的中流砥柱。

吾辈一直在自强！

浙江纺织服装职业技术学院是一所特别崇尚美好、努力追求美好的学校，希望我们的老师和同学生活得越来越美好，愿我们一起共创共赴美好前程！

从学生变为校友，我们变得更亲近，母校永远是你们温暖的家！

岁月不老、青春不散。

（作者系浙江纺织服装职业技术学院院长）

　　你们的毕业，在学校看来，不只是"长亭外、古道边"的依依惜别，更是"来路可见伴花香，前路可期共成长"的扬帆起航。你们即将踏上书写美好人生的新征程，这是一个开启传承学校精神、实现自我价值、贡献社会国家的新征程。

脚踏实地　行稳致远

苏海勇

　　七月的校园，百花盛开，姹紫嫣红，处处生机盎然。在这里，大家度过了三年的美好时光，留下了许多难忘的回忆。

　　三年来，你们秉持"追求卓越"的学校精神，践行"立德、乐学、慎思、敬业"的校训，曾在教室里寒窗苦读，曾在图书馆书海畅游，曾在实训室磨炼技能，曾在运动场挥汗如雨，经过了理想与信念、人文与职业教育的淬炼，增长了知识和力量，收获了技能与友情，实现了自我人格的完善和成长。此刻，看到你们年轻、自信、阳光的笑脸，我感到由衷的高兴和自豪。在此，我代表全校师生，感谢你们三年来一路同行，并向顺利毕业的你们表示衷心的祝贺！

绿树阴浓夏日长，楼台倒影入池塘。大家是我担任院长以来的第一届毕业生，毕业时节，我常常在思考，时间一年又一年，学生一批又一批，毕业生不断走向社会、融入社会，对于学校这意味着什么？我想，它意味着对学校知识的实践，意味着对学校精神的传承，意味着对学校校风的弘扬。"追求卓越"的学校精神深深印刻在每一个学子身上，"集思广益、求真务实、学以致用、以人为本"的校风铸就着"日职人"共有的精神品格，鼓舞着"日职人"自强不息、奋勇前行！所以，你们的毕业，在学校看来，不只是"长亭外、古道边"的依依惜别，更是"来路可见伴花香、前路可期共成长"的扬帆起航。你们即将踏上书写美好人生的新征程，这是一个开启传承学校精神、实现自我价值、贡献社会国家的新征程。

在你们茁壮成长的同时，学校也因你们而发展、而精彩。三年来相继取得国家优质高等专科学校、中国特色高水平高职学校 30 强等标志性办学成果，学校的知名度、美誉度和影响力大幅提升，步入高质量发展的快车道，每一份荣誉的取得都凝聚了同学们的聪明才智和辛勤汗水。今天，你们毕业了，又将学校的触角延伸到四面八方，延伸到美好的未来时光。我希望你们都能成长为参天大树、成长为时代英才，母校对你们满怀信心，并深情祝福：未来，属于你们！

毕业典礼，是每个大学生最值得记忆的时刻，标志着人生的重要转折。我们的 5164 名毕业生，在"两个百年"奋斗目标的交汇点上步入社会，生逢盛世，何其有幸！作为担负中华民族伟大复兴使命的一代，社会在赋予你们期望的同时，时代重任也已经历史性地落在了你们的肩上。正如习近平总书记多次强调的那样，每一代青年都有自己的际遇和机缘，展望未来，我国青年一代必将大有可为，也必将大有作为。这是"长江后浪推前浪"的历史规律，也是"一代更比一代强"的青春责任。广大青年要勇敢肩负起时代赋予的重任，志存高远，脚踏实地，在实现中华民族伟大复兴的中国梦的实践中放飞青春梦想。今天，在你们的毕业典礼、大学的最后一课，我送两句话与大家共勉，那就是：脚踏实地、行稳致远。

　　"脚踏实地"是对待学习、生活和工作的一个基本态度，四个字虽然朴实无华，却蕴含了走向成功的重要法宝。脚踏实地做好每件事，这既是一个接续奋斗的过程，也是一个涵养品德的过程，把握好这个过程就能无限接近成功，就能做到最好的自我。"行稳致远"是实现自身价值的基本保障，"行得稳"才能有底气、有潜力、有长远进步，才能"致远方"，到达梦想彼岸，看到别人难以看到的旖旎风景，登上别人难以抵达的事业高峰。所以，"脚踏实地"才能"行稳致远"，埋头苦干才能出人头地，坚持不懈就会迎来精彩人生。那么，如何才能做到"脚踏实地、行稳致远"呢？

　　第一，要正确认识自己。两千年前，古希腊人就把"认识你自己"作为铭文刻在阿波罗神庙的门柱上，中国也有"知人者智，自知者明"的古训，可见，东西方文化都不约而同地强调了认识自己的重要性。在这个世界上，只要摆正自己的位置不懈努力，人人皆可成才。岗位无高低，工作没贵贱，只要用心去做，就能干出不平凡的业绩来。作为职业院校毕业的学生，在"认识自己"的过程中往往会走入两个误区，一是好高骛远，二是妄自菲薄。好高骛远者手高眼低，这山望着那山高，在工作中往往急于求成，不切实际地追求过高过远的目标，将自己的青春耽误于幻想之中，最终一无所成。妄自菲薄者，认为高职毕业生低人一等，躲在自卑情绪之下，在工作中往往缺少开拓进取精神，将大好年华浪费在迷茫徘徊之中，最终也将"万事成蹉跎"。正确认识自己，就要坚决走出这两个误区，客观地评价自己的优势和劣势，认识自己的与众不同和发展潜力，从而不断调整把握正确的人生航向。正确认识自己并非易事，因为人的自我认识有一个发展和完善的过程。首先，需要客观、正确地评价自己。我们高职院校的毕业生年轻有为，朝气蓬勃，有一技之长，刚刚踏上工作岗位，接受新生事物的能力强，可塑性强，缺少的是工作经验。在今后的工作中，要不断拓宽自己的知识面，不断提升自身的专业业务水平，扬长补短，止于至善。其次，要积极地肯定和提升自己。积极地肯定自己是一种自信，自信就是动力，它给予人们不断向前的勇气。人生不如意之事十有八九，总会碰到各种挫折和困惑，需要不断进行自我激励，把自己的心境调节到最好，在实践历练中不断提升自己，把自己的行动发挥到极致，这样才能顺利工作、快乐生活。大家都知道《三个小板凳》的故事，讲的是爱因斯坦小时候做小板凳时发生的事，在一次美工课上，大家把作品交给了老师，老师拿出一个小板凳说："世界上还有比这更糟糕的板凳吗？"爱因斯坦小声说："有的。"然后他拿出两个更不像样的小板凳，说："这是我第一次和第二次做的，交给您的是我第三次做的。它虽然不好，但是比这两个强一些。"从那以后，老师改变了对爱因斯坦的看法。这篇简短的故事告诉我们做事要有自信心，要有坚忍不拔的精神。最后，要学会独立思考。独立思考是完善人格的基本前提，对于提升自我认识能力非常重要。人云亦云，被别人的言论左右，这是没有主见的表现，也是人生成功的大忌。如果你认准了奋斗的目标，就要聚集自己的能量，全力以赴地去拼搏、去奋斗，赢得一个无悔的人生！

第二，要保持终身学习的能力。"非学无以广才，非志无以成学。"学习是一辈子的事情，我们从幼儿园开始到大学毕业，一直处于不停的学习状态。美国著名的未来学家托夫勒曾经说过，"21世纪的文盲不再是目不识丁的人，而是不会学习的人"。如果说在学校期间我们主要是学会专业知识，那么，走上工作岗位更需掌握学习方法。对于即将走上社会的你们，关于学会与会学，我认为会学比学会更重要。学会是一种静止状态，而会学则是掌握学习的技巧，拥有源源不断的学习能力。在知识更新加剧的今天，只有会学才能永立于时代潮头，才能具备可持续发展能力。要掌握适合自己的学习方法，注重学习效果。每个人的学习方法都不同，不是生搬硬套别人的成功学习方法就一定能够成功。我们在不断学习、不断尝试的过程中要慢慢学会发现、总结出属于自己的"学习秘诀"，这样才能让自己更乐于学习，在学习中获得成就感，形成良性循环。在学习上要循序渐进，根据工作需要设置清晰的学习目标，将一个大的目标分解成若干个小目标，然后逐步实现，这样才能达到理想的学习效果。要保持谦虚好学的学习心态，"学"与"问"相结合。"敏而好学，不耻下问，是以谓之'文'也。"学问学问，不懂就要问，为了弄清楚道理，就算挨打也值得。这句话是孙中山先生讲的，体现了他认真读书的精神，伟人尚且如此，我们更应该学习这种精神。大家马上就要走向工作岗位，面对的是一个新环境，处理的是许多新问题，更加需要多学多问。一方面要做到"学中问"。法国作家巴尔扎克曾说："打开一切科学的钥匙毫无疑问是问号，我们大部分的伟大发现都应该归功于如何问，而生活的智慧大概在于逢事都要问个为什么。"可见，提出问题是多么重要。"问"体现的是思考，体现的是主动学习的精神，"问"得越多，思考得越多，收获也越多。另一方面，要做到"问中学"。在询问他人时，不能左耳进右耳出，别人把自己的知识技能传授给你，就是一种真诚的表达，我们要在问中发现自己的不足，学习别人的方法、技巧、经验，充实自己，提升自己，不断掌握新知识、新技能。要多学多练，"学"与"习"相结合。"学"是学习的意思，那么什么是"习"呢？所谓"习"，我理解有两层意思，一是"练习"，二是把所学到的东西运用到实际生活中去。我们职业教育最显著的特点就是技术性、应用性和实践性，我们学校的办学理念"理论与实践并重，技术与人文融通"，也是强调实践的重要性。"曲不离口，拳不离手"，只有不断练习，才能熟练掌握专业技能，储备扎实的技术功底。所以"学"和"习"是相辅相成的，既要学，又要习，"学"和"习"缺一不可，我们不仅要认真地"学"，而且要用心地"习"。

第三，要不断强化实干精神。"纸上得来终觉浅，绝知此事要躬行。"走出校园，踏上社会，大家踌躇满志，意气风发，充满了对未来美好生活的憧憬。然而，有想法，没有行动，一切都等于零，"脚踏实地"的真谛在于真抓实干。要把理想付诸行动。再长的路，一步步也能走完；再短的路，不迈开双脚也无法到达。想好了什么就去做，时间不等人，机会不等人，不要做思想上的巨人、行动上的矮子。所有的机会只会迎接那些热血沸腾、努力奔跑的人，成功和平庸，行动是关键。心动不如行动，希望大家都能把自己的理想付诸行动，不被自己的空想耽误人生。要从小事做起。"道虽迩，不行不至；事虽小，不为不成。"正所谓"不积跬步，无以至千里；不积小流，无以成江海"。每一项事业，不论大小，都是一点一滴干出来的，成就一番事业必然是一个积少成多、集腋成裘的过程。希望大家认真对待每一项工作，不断丰富自己。大国工匠——高铁首席研磨师宁允展，19 岁从铁路技校毕业，进入当时的四方机车车辆厂，从车辆钳工干起，一干就是 24 年，他潜心研究工艺改进和工装发明，打破高速动车组转向架生产瓶颈难题，成为高铁首席研磨师，成为国内第一位从事高铁"定位臂"研磨的工人，成为受人尊敬的全国道德模范、大国工匠和全国最美职工，是我们高职学生学习的榜样。要面向实际、持之以恒。一分耕耘一分收获，几许汗水几许成果。我们要像习近平总书记勉励的那样：广大青年既是追梦者，也是圆梦人，要努力成为有理想、有学问、有才干的实干家，在新时代干出一番事业。梦想之所以叫梦想，因为它很遥远，想要实现梦想，就要持之以恒，达到一个量的积累，才会引起质的飞跃。持之以恒就需要在行动的过程中排除万难、永不放弃。三天打鱼，两天晒网，懒懒散散，缺乏自律，最终会失去目标、梦想破灭。所以不管出现任何困难，一定要克服，一定要坚持。希望同学们在今后的工作中要耐得住寂寞，孜孜以求，克服浮躁心理，锤炼务实作风，练就过硬本领，为个人成长强力蓄能。

第四，要涵养高尚品德。"德若木之根，才若木之枝，求木之长者，必固其根本。"这一比喻言近旨远，喻义深刻，人之德行犹如树根，是根本，根深方可叶茂，本固才能枝荣。一个人只有拥有高尚的德行，再配上过硬的本领，才能够造福社会，成就事业。否则，人无佳德，其才就如无本之木，没有根基，最终枯萎。当然，根也离不开枝叶，德不能没有才相助，必须"德有才以辅之，才有德以主之"，德与才相互依存、相得益彰，有才能又有品德，才德兼具，是为最佳。我们中华民族历来高度重视道德教育，德才兼备也是我们选用人才的重要标准，"行稳致远"必然要求有良好的道德品质保驾护航。希望大家做一个抱负远大的人。一个人最高尚的品德就是爱国，在建设社会主义现代化强国的新征程中，大家要厚植家国情怀，把爱国热情与个人奋斗结合起来，把实现个人梦想和实现中华民族伟大复兴的中国梦紧密相连，把个人的理想追求融入党和国家事业之中，为党、为祖国、为人民多做贡献，在建成社会主义现代化强国、实现中华民族伟大复兴的接力跑中赛出最佳成绩，赢得自己的人生际遇。希望大家做一个有正确价值取向的人。价值观对一个人的思想和行为产生决定性的影响，当代青年坚持正确的价值观就是要培养和践行社会主义核心价值观。核心价值观的养成绝非一日之功，要坚持由易到难、由近及远，努力把核心价值观的要求变成日常的行为准则，进而形成自觉奉行的信念理念，这样才能在时代大潮中建功立业，成就自己的宝贵人生。希望大家做一个遵纪守法的人。国无法不治，民无法不立。人人守法纪，凡事依法纪，才能社会安定，经济发展。学校有规章制度，社会有法律法规，遵纪守法是对每一个合格公民的基本要求。希望大家在今后的工作生活中学法、懂法、守法、用法，树立以遵纪守法为荣、以违法乱纪为耻的牢固观念，严于律己、谨言慎行、遵纪守法，把握好自己的言行，做一个知法守法的好公民。

　　同学们，再见了，让我们珍藏这段美丽的校园记忆，铭记我们的豪言壮语和伟大梦想。新的希望已在前方，祝愿同学们架起远行的航帆，走好前进的道路，脚踏实地，不负韶华，乘风破浪，行稳致远，用激情与奋斗创造美好的明天！

（作者系日照职业技术学院院长）

　　临别之际，我想送给大家一个"万能锦囊"：维护好本真就是守好做人的本分，敢于追求理想就是要始终保持前行的动力，守住良知底线就能确保不会满盘皆输。我想说，人生的精彩不在活出一时的成败高低，而在活出自我价值与社会贡献！

人生的精彩就在选择与坚守之间

王安兴

　　大学时光是人生中重要的一站，今天是 2021 届同学们一生中非常特别、非常重要的日子，你们将告别母校，踏上新的人生征途，今天也是我珍惜并将难忘的日子。

　　毕业伴随着离别。在这离别的时刻，别忘了用力拥抱身边的同窗，你们可能彼此见证了对方最"呆蠢萌"的时光，这些回忆将随时间流逝而愈觉芬芳；也请拥抱帮助你们一路走来的老师，他们或许有些唠叨，或许经常布置一些颇为"刁难"的作业让你们深夜难眠，可那些都会成为你人生难得的宝藏。

　　在今天这个场合，给大家讲点什么？有人说，世界上最傻的事，就是掏心掏肺地对年轻人讲道理。可每年这个时候我都要"犯傻"一次。即便我知道，你们当中有不少人并没有认真听我说什么，也有很多人很快就忘记我今天讲了什么，但我还是希望我的"唠叨"对你们有用。今天，我想告诉大家：人生的精彩就在选择与坚守之间。

新时代需要理想与奋斗，每个人都要为了理想而奋斗。我们所处的既是一个伟大的造就中国梦的时代，又是一个现实的物质主义、享受主义时代。我们经常会看到，金钱与权力成为不少人追逐的最大目标，理想和操守可以当成交易的筹码。我们也会看到，为了理想和信念，有些人可以选择放弃对金钱与权力的追逐。

最近一段时间，我也在做一些重要的选择与坚守。今天，我愿把一些心得分享给大家。29 年前大学毕业时，我给自己的职业生涯规划是"站三尺讲台，理一方水土"。参加工作 29 年来，我当过老师上过课，当过班主任做过学生工作，还做了学校管理中的很多重要工作。当年的选择，让我在学校教育工作中坚守了 29 年。即使以后我选择不做院长了，我也会选择从事学校教育工作。因为我坚信，"一堂课""一本书"就是一方水土，上好课、教好书，看到学生成才进步，我就是在理一方水土。所以，我可以有多种选择，但我选择坚守教育。

人生之精彩，在于选择理想、坚守初心。今年是中国共产党的百年华诞。100 年前，一批先进的中国知识分子，阅读了《共产党宣言》，信仰了马克思主义，选择了为中华民族的独立与人民的解放而奋斗终生。五四运动的先驱罗家伦先生在《写给青年》一书的序言中谈道："我们不能背着时代后退，我们也不能随着时代前滚，我们要把握住时代的巨轮，有意识地推动它，进向我们光辉的理想。"在那个生逢乱世的时代，当年的那一批 90 后、00 后选择了我们今天在政治书历史书上学习的真理，他们以青春的朝气、青春的理想，唤醒百年沉睡的旧中国，建立青春之中华、红色之中国！

同学们切莫在最美丽的青春年华，追求生活安逸，沉湎及时行乐，以致荒疏光阴，丢失理想。切莫因"为稻粱谋"的生存压力，年纪轻轻就世故老成，过于注重现实而过早地放弃浪遏飞舟的理想情怀，让青春梦想过早地变成初心凋谢的回忆。切莫因奉行自私自利而选择独善其身，对大众疾苦麻木不仁，对国家大事充耳不闻，放弃了为大众做事的雄心和与之相应的豪迈。我们应当在时代潮流中把握大势，读懂时代大文章，书写人生小段落，选择在为国家、为社会、为大众谋福利中建功立业。

人生之精彩，在于选择奋斗、坚守良知。你们即将踏入的是正在倡导成为一个劳动光荣、技能宝贵、创造伟大的社会。让母校引以为傲的是，在新时代中国特色社会主义建设事业中有许许多多的海职院毕业生成为行业骨干、技术能手，如"全国劳动模范"吴师、"南海英才"黄翔、"南海工匠"陈道旅、"乡村振兴优秀人才"周缘、"援非志愿者"彭成成、"全国优秀新闻工作者"许雅妮等师兄师姐们，他们扎根基层、敢于拼搏、乐于奉献，在一线岗位把事情做成、做精、做美，用平凡铸就着非凡。只要你们像这些师兄师姐一样，选择奋斗而不是"躺平"，你们就会拥有出彩的人生。

你们即将进入的是一个更多元复杂的社会，不缺五光十色的诱惑陷阱。所以，坚守底线、勒住缰绳，你才能不入万劫不复之渊，才能跌倒后爬起来。何为底线？就是做事一定要对得起公众良知。如果有一天你成为公务员，就要多为老百姓做实事做好事；如果你成为人民教师，就要潜心培育你的学生，甘为人梯，勇做蜡烛；如果你经商开店，就要诚信为本，童叟无欺；如果你立业成名，就要承担更多的社会责任，为国家和大众创造更多的财富。这些都是做人从业的操守与良知。

人生之精彩，在于选择热情、坚守感恩。同学们，敢于向黑暗宣战的人，心里一定充满光明。人的一生总是有起有落、有喜有悲、有顺有逆。但是生活不会亏待每一份热情，也不会讨好任何一份冷漠。"十年饮冰，难凉热血"，只要保持热情，就可能随时获得前行的动力，就可以在现实的坎坷与冷漠中体会生命的丰盈与力量，体味生命的美丽与成长。纵然"时光容易把人抛",只要热情仍在,雄心壮志就不会熄灭,"星辰大海,征途在前"的渴望将永存心中。希望同学们在人生的蹉跎中,能够始终保持热情,找到榜样,饿了想想"灰太狼",穷了想想"光头强",青春的路上没有理由不坚强!

此时此刻,同学们一定很期待到更广阔的天地展翅高飞、建功立业,然而决定功业的因素很多也很复杂。我想其中最重要而且自己能把握和掌控的就是学会做人,常怀感恩之心。有一个《一杯牛奶的故事》,讲的是一个生活贫困的男孩为了积攒学费,挨家挨户地推销商品。在他一路碰壁、饥饿难忍时,他敲开一扇门,希望主人能给他一点食物。善良的女主人当即就给了他一大杯牛奶却分文未取,男孩深深地鞠了一躬转身离去。多年以后,男孩成为著名的外科大夫,而那位曾给他恩惠的女子,患了一种十分奇怪的病,花掉全部家当、求医无果的她终于在一家最好的医院得到了医治。这需要多大一笔医疗费啊!当她终于鼓起勇气拿起医疗费用单时,却看到一行小字"医疗费 = 一杯牛奶"。

感恩不是馈赠、不是施舍,而是一种素质、一种境界。凭着这种素质,你可以居以敬心,善待同行者;凭着这种素质,你可以感受身边的爱与感动;凭着这种素质,你可以尽己所能,去帮扶弱小。

临别之际,我想送给大家一个"万能锦囊":维护好本真就是守好做人的本分,敢于追求理想就是要始终保持前行的动力,守住良知底线就能确保不会满盘皆输。我想说,人生的精彩不在活出一时的成败高低,而在活出自我价值与社会贡献!

"此地一为别,孤蓬万里征。"不管你们今后从事何业、身在何处,相信都会有自己的精彩!

一路珍重!

(作者系海南职业技术学院院长)

　　我要把习近平总书记勉励职校学子的一段箴言作为结束语，送给大家——"立志追求人无我有、人有我优、技高一筹的境界，学到真本领，用勤劳和智慧创造美好人生"。

做豪迈的中国人

李大兴

　　在这热情奔放的六月里，2759 名台州科技职业学院学子从四面八方赶来，共同见证这一场毕业盛会。看到同学们踌躇满志的青春笑脸，我由衷地感到高兴。

　　三年前，同学们风华正茂、怀揣忐忑而又满心期待来到这里；三年来，同学们在这里练就了一身好技能，也结识了一大批良师益友，留下了许多美好回忆，学校见证了你们的成长蝶变；明天，同学们即将学成归去，鹏飞万里，以全新的姿态迎接新生活的机遇与挑战。作为院长，我要向同学们表示诚挚的祝贺，也借这个机会，向陪伴和支持你们成长成才的老师们、家长们，送上崇高的敬意和美好的祝福！

　　"学会生存，学会关心，做豪迈的中国人"，是我国享誉海内外的著名农业科学家、"杂交水稻之父"袁隆平院士生前对年轻人的寄语。今天，我想借花献佛，赠予各位毕业生。

第一，希望同学们"学会生存"。作为高职院校的毕业生，学会生存的要义，首先，要牢固树立"技术立身"意识。同学们即将离开校园，去社会这个大熔炉中继续锤炼锻造、百炼成钢，要时刻铭记技术是安身立命之本，掌握一门过硬的技术是职场决胜的关键。其次，要在实践中磨炼自身技术，所谓"实践出真知"，唯有将自身技术与岗位实际紧密结合，学以致用，才能做到熟能生巧、精益求精，从而成为高素质技术技能人才。既有"技术立身"的理性认识，又有"学以致用"的实践积累，做到"知行合一"，这就是每一位台科院毕业生的"生存之道"。希望同学们继续弘扬"厚德强技"校训，继续发扬"老黄牛"精神，锤炼一门乃至多门"绝技"，拒绝"躺平"，昂首奋进，以"能工巧匠、大国工匠"作为毕生不懈追求的目标。

第二，希望同学们"学会关心"。"穷则独善其身，达则兼济天下。"所谓"学会关心"，就是一种"心中有他人""眼里有天下"的责任与担当。"心中有他人"，就是做一个无私"利他"的人，关心他人、光照他人，坚决不做"精致的利己主义者"。"宝剑锋从磨砺出"，经过大学三年的锻造磨炼，现已到了"亮剑"显身手的时候。同学们要以赤子的热忱，倾情回报父母的养育之恩，给予父母更多的关心与陪伴；要以更大的包容，善待身边的每一个人，温暖那些需要帮助的人。"眼里有天下"，则是将眼光由个人周遭延伸至普天之下，有"天下兴亡匹夫有责"的豪迈与担当。希望同学们不论身在何处，都要关心经济发展、社会进步和科技创新，与中华民族伟大复兴同频共振。

第三，希望同学们"做豪迈的中国人"。今年是特殊的年份，即将迎来中国共产党成立100周年，这对每一个中国人来说，都是一件值得庆祝的大事。"做豪迈的中国人"，一要回望过去，增强国家认同感。要以庆祝中国共产党成立100周年为契机，扎实开展党史学习教育，深刻领会这 100 年来我党筚路蓝缕、奠基立业的艰难历程，在历史的回望中不断增强国家认同感。二要立足当下，增强民族自豪感。当今中国已经彻底改变了近代以来积贫积弱、受人欺凌的悲惨命运，当之无愧成为维护世界和平稳定的中流砥柱。纵然世界强国如林，我们仍要以身为中国人而感到无比骄傲，为生在这样的伟大国度而自豪。三要面向未来，融入国家事业。我们既要做国家发展的见证者、受益者，更要做民族复兴的参与者、推动者。作为新时代台科院的毕业生，我希望同学们能够把人生理想融入国家和民族的伟大复兴的大业中，能够用一生去诠释青年一代的理想与担当，在报效祖国、服务人民中成就一番自己的事业，成为一个豪迈的中国人！

最后，我要把习近平总书记勉励职校学子的一段箴言作为结束语，送给大家——"立志追求人无我有、人有我优、技高一筹的境界，学到真本领，用勤劳和智慧创造美好人生。"

毕业有别离，青春不散场。祝同学们毕业快乐，愿同学们都能有个锦绣前程！

（作者系台州科技职业学院院长）

　　走出校园，你们将成为四川建筑职业技术学院的校友。愿你们都能抓住人生难得的机遇，勇于担当，有所作为，用"青年梦"托起中国梦，在新时代谱写新篇章，在新征程实现新梦想！

勇于担当　有所作为

胡兴福

　　嘉木繁茂，桃李芬芳。三年前的金秋时节，你们带着灿烂的笑容、怀着对未知的渴望，来到四川建筑职业技术学院。三年里，你们在军训中磨炼、在学习中打拼、在社会实践中思考、在专业技能大赛中博弈；如今，你们有了更坚强有力的臂膀、更娴熟的技能、更成熟的思考能力、更突出的创先争优的精神。在座的毕业生中，有的光荣地加入了中国共产党；有的赢得了国家级、省级技能大赛奖；有的获得了"优秀毕业生"的荣誉称号；有的拿到了各种技能证书；有的在专升本考试中成功"上岸"，这既是你们的精彩，更是学校的荣誉。

　　今天，各位即将离开校园，我们在这里为你们隆重举行毕业典礼，我谨代表学校向圆满完成学业、即将踏上人生新征程的 2021 届全体毕业生致以最热烈的祝贺。

伴随着你们成长的这三年，学校以立德树人为根本，以服务经济社会发展、服务国家发展战略、服务行业转型升级、服务市场配置需求为目标，深化教育教学改革，提高育人质量，各项工作取得了显著进步。

目前，学校是国家示范性高等职业院校，全国优质专科高等职业院校，全国普通高校毕业生就业工作先进单位，全国毕业生就业典型经验高校，全国住房和城乡建设职业教育教学指导委员会副主任单位，入选国家"双高计划"高水平专业群建设单位。

人才培养质量领先。毕业生就业率 95% 以上，专业对口率 80% 以上，央企等行业骨干企业就业率 50% 以上。学生获国家级技能大赛奖 6 项。毕业生获国家工程建设奖 174 项。

教学改革引领示范。组织制定 17 个专业国家教学标准。国家高水平专业群 1 个、国家级专业 9 个、省级专业 8 个。获国家级教育教学成果二等奖 2 项、省级教学成果奖 6 项；主持国家级专业建设资源库 2 个；国家"十二五""十三五"规划教材 41 部；精品资源共享课等课程国家级 5 门、省级 5 门。牵头负责四川省职业技能等级土建类大类证书联盟；实施 10 个职业技能等级证书试点，证书通过率 60% 以上；职业证书师资培训 742 人次。

师资建设成效显著。组建了教师教学创新团队国家级 1 个、省级 1 个；"双师"型名师工作室等省级团队 12 个；拥有享受国务院政府特殊津贴专家 3 人，全国优秀教师 1 人，省级教学名师等省级名师、专家 13 人，教师获教学能力比赛奖国家级 2 项、省级 34 项。

产教融合运行高效。建立了基于供需匹配的产教融合机制，牵头组建了川渝建设职教联盟，建成国家级生产性实训基地 3 个，省级职教集团、虚拟仿真实训中心、高技能人才培训基地各 1 个；产业学院 5 所。

服务社会精准高质。主持（参与）编制 30 部国家、行业和地方技术标准，获得省科技进步奖二等奖；承担港珠澳大桥疲劳性能试验等 29 项国家重点工程项目的技术攻关。开展各级各类培训年均 36000 人次以上。

国际影响显著提升。合作办学年均输送毕业生 600 余名。培养留学生 44 名。中澳联合开展评估，实现了课程互认。

今年是建党 100 周年，学校建校 65 周年、学校高职办学 20 周年；同学们，你们是学院发展的见证者，更是推进学校发展的参与者，感谢你们和学校一道同甘共苦，风雨兼程，在学校发展的关键时期做出的积极贡献！

毕业意味着成长，你们将告别校园、走向社会；离开教室，走进职场；放下书本，穿上工装，接受工作的考验，迎接生活的挑战。毕业意味着责任，你们不再是懵懂少年、神兽、高校学子，而要担当起家庭和社会的责任。毕业是一个欢聚的日子，也是一个离别的日子，也将成为你们终生难忘的日子！今天，当离歌唱罢，你们就将奔赴人生的下一站。此时此刻，相信大家都已经为自己的梦想收拾好了行囊，我想借这堂"最后一课"，对你们说几句话。

第一，要坚守道德自觉，修炼好品德。道德是一个人在社会中的立身之本。修身、齐家、治国、平天下，修身是万事的源头。所以道德能够决定人生的高度、事业的广度，它比天资更重要。初出茅庐的你们，栀子花开，如此可爱，如此洁白，希望同学们要扣好人生的第一粒扣子，克服浮躁情绪、凡尔赛文化，养浩然正气、养昂扬锐气、养蓬勃朝气，乘风破浪，做一股纯真有劲的后浪，实现人生理想。

第二，要传承鲁班文化，发扬工匠精神。工匠精神的内涵是工匠对产品的认真雕刻，追求精益求精的工作理念。

这与追求专注和极致的"鲁班精神"同出一脉。建筑业的工程质量是企业发展的核心和关键，工程质量有了保障才能保障企业更好更快地发展。进入社会以后，希望你们把工作当修行，通过工作，提高心性，修炼灵魂。严格遵循工作标准，杜绝粗心大意，认真做好工作的每一个细小环节。提高专业技能，以匠人之心，追求技艺的极致，踏实严谨，一丝不苟，追求突破、勇于革新。

第三，要培育岗位责任意识，勇于担当。习近平总书记强调："青年一代有理想、有本领、有担当，国家就有前途，民族就有希望。"希望你们强化工作责任心、使命感、紧迫感，履行好岗位职责，将工作内容付诸实践，取得实效。注重个人能力的提高，加强知识文化的学习，在面对困境、挑战、危机之时，看准问题、找准对策、驾驭矛盾、科学运作、提高效率、上策下行、以简单对复杂，做最美的逆行者。

走出校园，你们将成为四川建筑职业技术学院的校友。愿你们都能抓住人生难得的机遇，勇于担当，有所作为，用"青年梦"托起中国梦，在新时代谱写新篇章，在新征程实现新梦想！

长空万里，好风正劲。在你们即将起程远航之际，衷心祝愿同学们在未来的征程中一帆风顺，前程似锦！欢迎同学们今后常回家看看！

（作者系四川建筑职业技术学院院长）

　　关于未来，我希望大家始终充满对美好生活的向往，我希望大家做快乐的"打工人"，努力搬砖挣回尾款；希望大家都能拥有稳稳的幸福，那便是：有事做，有人爱，有期待！

做一朵奔涌的浪花

郭光亮

　　此时，窗外飘着淅淅沥沥的雨，对面坐着依依不舍的你，今天的校园也是脉脉含情，荷花又开、香樟正茂，青春美妙、人生尚早；大学虽好、毕业已到！在场和不在场的重庆青年职业技术学院 2021 届全体同学，大家毕业好！

　　离校在即，没完没了的郭院长又来了，抓住机会，请允许我最后一次给大家啰唆几句。

　　还记得，三年前你们这一届的新生开学典礼上，我告诉同学们：为什么要上大学？为了遇见更好的自己！三年来，你们怀揣自信与自律的钥匙，刻苦学习，积极进取，小有成绩。"挑战杯"、"互联网+"、公文写作大赛等各类技能竞赛见证了属于你们的"高光时刻"；

"说学活动周""社团嘉年华""寝室风采秀"等各类校园活动展示了你们的创新创意；国家奖学金、三好学生、优秀学生干部等各类奖项评比增加了属于你们的"王者荣耀"；你们在舞蹈房、足球场、篮球场上挥洒汗水；你们在新年晚会、歌手大赛、艺术展演上飞扬青春，你们走进农村、深入社区，你们服务社会、成就自己……三年来，你们应该还结识了值得信赖的人生导师，交到了一帮铁哥们儿、一群好闺密，还有一些幸运儿甚至遇到了自己的终身伴侣，真心地恭喜并祝福你们！三年前进校时，你们脸上都还带着千禧宝宝的稚气，如今放眼望去，都成了形象气质俱佳的帅哥美女，看来，曹家坝的路没白走，学校的书没白读，因此，我提议，大家把掌声送给早已华丽蜕变、脱胎换骨的自己！

三年时间，大家可以说是收获满满，学会了做人，掌握了技能，更懂得了如何去思考和面对人生。如果说大学还有遗憾的话，那最大的遗憾就是我们的校园，与同学们朝夕相伴的阿猫、阿狗和阿鸭可能都换了三代，我们的校园还是那样一成不变，自然美、原生态！这话是一种打趣，也有点自嘲，更是对同学们的歉意！其实，这都只是表象，正是因为有了前面所讲的同学们的艰苦奋斗与暗暗努力，有了老师们的辛勤付出与默默奉献，学校这些年的发展早已是今非昔比，学生规模过万，报到率也超过了90%，有了南、北两个校区，尽管对你们来说，南校区有点遥不可及。通过三年建设，学校已跻身重庆市优质高等职业院校的行列，这也实属不易。当然，这些都还远远不够，学校的新校区建设今年就将破土，正在实施提质培优行动，全力推进"双高校"建设。诚然，这些对今天的你们来说已经无福享受，但作为未来的校友，一所全新的母校值得你们期待。

三年时间，我们也见证了国家的发展和时代的变迁。我们打赢了脱贫攻坚战，实现了全面小康；我们打赢了新冠肺炎疫情阻击战，恢复了生产生活；《民法典》正式实施、"天问一号"火星着陆、神舟十二号载人飞船发射升空，中国人拥有了自己的空间站！站在"两个一百年"奋斗目标的历史交汇点上，一幅"十四五"和全面建设社会主义现代化国家的宏伟蓝图正徐徐展开。我们躬逢盛世，我们生逢其时。

三年来，你们中间的多数人忙忙碌碌，但也有少数人迷迷糊糊：昏天黑地地玩游戏，横七竖八地"躺平"，醉生梦死地挥霍，自我安慰的佛系……每每看到这些，我都感到无比痛心，我心疼你们的青春，我心疼你们的父母。生而为人，我们都怀揣着一份使命，那就是找到一条适合自己的人生之路。三年时间，你们当中，有些人已经在路上，有些人站在了十字路口，有些人还没有方向。但不管怎样，三年后的今天，我们都必须面对不得不离开的大学校园，面对不得不告别的青涩时光，面对已经铺开的人生之路。临别之际，我不由得想起了刘和刚唱过《儿行千里》："一会儿看看脸，一会儿摸摸手，一会儿又把嘱咐的话装进儿的兜，如今要到了离开家的时候，才理解儿行千里母担忧……"

以后的路就要靠同学们自己去走了，身为你们的校长，作为一个过来人，我要告诉你们，人终其一生就是要努力做好三件事。

一是认识自己。对于人生，有著名的终极三问：我是谁？我从哪里来？要到哪里去？有同学会不耐烦地说："不想烧脑思考这种深奥的哲学问题，我只想简简单单、快快乐乐地活着。那我们试想一下，人如果只是一个没有思想和灵魂的肉身，他和动物又有什么区别？如果仅仅满足于一日三餐，那又有什么快乐可言？当前，全国上下都在学党史，我也认真学习了从鸦片战争到五四运动这段历史，一部《觉醒年代》更是无数次让我热血沸腾、泪流满面，面对山河破碎、任人宰割的旧中国，一群本可以过衣食无忧的生活的年轻人，却不愿只是为自己活着，而立志去唤醒民众，拯救中国。几经周折，他们最终选择了成立用马克思主义理论指导的中国共产党，带领中国人民走社会主义道路，正是一代又一代的革命先烈、仁人志士历经艰苦卓绝的接续奋斗，前赴后继地奉献牺牲，我们才走上了中国特色社会主义的正确道路。能为他人所需要，能为社会创造价值，这才是生而为人的意义。此刻，我们即将迎来中国共产党百年华诞，站上历史发展新的起点。然而，帝国主义亡我之心不死，民族复兴不是敲锣打鼓就能实现的，美好生活必定来之不易，吾辈更要担当，仍需努力。

二是找到自己。德国哲学家莱布尼茨说过："世上没有两片完全相同的树叶。"这充分说明了物种的多样性，人又何尝不是如此，各有不同的样子。我们要努力去找到自己，他不在别人眼里，也不在别人嘴上，他只在你自己心里，需要我们用心去寻找，找到自己的兴趣爱好，发现自己的特点特长，找准自己的人生定位，找到个人努力的方向，人生没有最好的路，适合自己的就是最好的，唱自己的歌，走自己的路，你才会觉得快乐、轻松、自如。

三是成为自己。每个人都是一个独立的个体，他不属于任何人，他只属于你自己，成为自己是我们毕生要做的努力。当不了太阳，做一只萤火虫也很好，做自己最为重要。因此，同学们，不要照原样接受别人推荐给你的生活，不要轻易被人定义，不用活成我们想象中的样子，我们这一代人的想象力，不足以想象你们的未来。逆风奋斗的青春最值得点赞，勇敢的后浪必将乘风破浪。借用《觉醒年代》中的一句台词："我真心希望大家能够双脚踩在泥土里，一步一步地，踏踏实实地，走好每一步路。而且我相信，胜利一定属于你们，因为，你们已经在路上了。"

你们总说毕业遥遥无期，可转眼就各奔东西。仿佛你们才从五湖四海来，忽而却要到天南海北去。刚刚的视频短片帮我们定格了三年中的许多精彩瞬间，很多画面突然涌现在眼前，相信也勾起了大家的回忆无限。其实，与平时严肃高冷的形象不符，我是一个内心柔软、泪点不高的人。每一年，最期待着见证大家的成长，却也最害怕泪洒当场，此刻，我要强忍住感情，不能让泪水打湿眼睛，因为，我要像三年前新生军训检阅时那样，和你们一一确认眼神：走出这里，你们都是好样的"重青"人！和老师、同学们再拥抱一次吧，说一声"再见"，也许是真的再也不见；在校园里多拍几张照片吧，这里有你未来找不到的记忆；拿到 offer、加薪升职时，在朋友圈晒一晒吧，也让我们悄悄分享你的甜蜜！

关于未来，我希望大家始终充满对美好生活的向往，我希望大家做快乐的"打工人"，努力搬砖挣回尾款；希望大家都能拥有稳稳的幸福，那便是：有事做，有人爱，有期待！

如果说毕业季也是告白季，那以上就算是我对 2021 届同学们的深情告白。

三年前，我唱着歌把大家迎来；三年后，我要哼着词送你们"入海"：

　　还有说不完的话

　　风催着我们出发

　　把笑和泪都留下

　　留在这一年的夏

　　对于未来的想法

　　有太多疑问没有回答

　　关于面包和理想

　　还有平凡和伟大

　　那就这样出发

　　一起跃入人海

　　做一朵奔涌的浪花

（作者系重庆青年职业技术学院院长）

在这样日新月异、变幻莫测的世界里，如何穿越世相迷雾？如何得以安身立命？如何获取终身成长？答案也许应该回到我们自身的价值观中去寻找。

做一个持续输出价值的人

郦昕阳

时光流转，岁月穿行，又是一年毕业季。今天，我们相聚在洵美礼堂隆重举行绍兴职业技术学院 2021 届学生毕业典礼。感谢同学们的信任，在人生中最美好的年华，选择与我们相遇。在校期间，你们在文源楼中留下求知的身影，在实训室里学习技术练习技能，在运动场与竞赛场上挥洒激情汗水，在宫山河畔领略清风明月，在禹园、蠡园、明园散播青春笑语。点点滴滴，都成为母校与你们共同珍藏的记忆。如今，你们将从这里出发，走向更广阔的星辰大海。祝愿同学们在未来的日子里乘风破浪、前程似锦、梦想成真。

毕业典礼是同学们在校的最后一课。每临此时，我心头总有许多话语想向你们叮嘱，我总希望自己能够把每年有价值的思考与感悟拿出来与大家共同分享。我今天要讲的主题是：做一个持续输出价值的人。

我们所处的时代是一个易变性、不确定性、复杂性、模糊性相互交织、相互叠加的时代，唯一不变的似乎只有变化本身。在这样日新月异、变幻莫测的世界里，如何穿越世相迷雾？如何得以安身立命？如何获取终身成长？答案也许应该回到我们自身的价值观中去寻找。

是什么决定了我们每个人成为世上独一无二的人？我们的身高、相貌、性别、职业、家庭背景、生活经历、知识结构等，共同构成了一个独一无二的自我身份。在所有成分中，最核心的当数我们内心的价值观体系，它是骨子里的，是我们一切行为的基石。拥有什么样的价值观体系很大程度上决定着你将成为什么样的人。你若认为知识是有价值的，你会勤奋学习；认为善良是有价值的，你会与人为善；认为诚信是有价值的，你会一诺千金；认为敬业是有价值的，你会精益求精、埋头苦干。反之亦然，你若认为知识是无价值的，你会不学无术；认为善良是无价值的，你可能会选择作恶；认为诚信是无价值的，你可能会出尔反尔；认为敬业是无价值的，你可能会"摸鱼"、"躺平"、得过且过。

人的成长过程，其实也是价值观体系逐渐确立与清晰的过程。一个稳定的社会结构，鼓励每个人从自己的特点出发做出多样化的选择，实现每个人不同的价值意义，否则社会运行会不平衡。在现实生活中，不同的价值追求之间经常会发生冲突与矛盾，需要我们进行取舍与选择，"鱼与熊掌不可兼得"说的就是这个道理。我们在成长过程中不断地发现与认同新的价值，然后将这些价值纳入自己的价值观体系里，并赋予不同的地位与优先顺序。"侠之大者，为国为民；侠之小者，为友为邻"，正是价值的优先序列不同，将大侠与小侠区分开来。人的时间精力是有限的，要善于抓住本质性的东西。回顾百年党史，多少志士仁人抛头颅洒热血、舍生取义，也是因为他们把义的价值放在了生的价值之上，或者说，他们用义的行动来升华生的意义，才成就了他们照耀史册、为人铭记的一生。

人的本质是一切社会关系的总和。我们每个人的价值观建构来自个体与社会的交互过程，每个人的生存与发展都要依赖他人的价值创造。在依赖他人价值的同时，我们每个人也有责任向社会主动输出更多价值。

对输出价值具有主动意识的人，会是坚持守正的人。守正要求我们在做事时，始终要做好价值判断。思考这件事情正不正确，值不值得去做，有没有为个人、社会带来共同价值，是否与求真、向善、审美这样的人类基本价值标尺相抵触。同时，是否愿意输出价值，也是区分一个人究竟是拥有进取心还是功利心的标志。如果一个人奋发努力只是为了满足其一己私利，那么他主要是受功利心的驱使。如果他奋发努力，不仅为个人也为他人带来有价值的贡献，可以认为他拥有进取心。功利心太强的人，容易急功近利、心浮气躁，容易受到个人利益诱惑而损害他人利益，从而偏离了正道。

对输出价值具有主动意识的人，会是勤于创新的人。在今后的工作中，你若能够解决他人解决不了的问题，提供他人提供不了的服务，改进他人改进不了的工艺，发明他人发明不了的产品，既是在体现自己的独特价值，也是在为社会开辟崭新的价值空间。这都要有赖于守正基础上的创新，唯有不断创新，才能让我们的价值世界更加辽阔丰饶。

对输出价值具有主动意识的人，会是敬岗爱业的人。人类社会中的价值往往是共同合作创造的。创造价值需要一个人的天才闪光，也需要一群人的共同努力。五月远行的"杂交水稻之父"袁隆平院士一生逐梦，希望天下人粮足饭饱。他为中国的粮食安全、农业科学发展和世界粮食供给做出了无可替代的杰出贡献。同时，用袁隆平院士培育出来的种子种植水稻的农民也为粮食生产做出了重要贡献，生产农机与化肥的工人也为粮食生产做出了重要贡献，运输粮食的司机也为粮食生产做出了重要贡献，从事粮食贮存、交易和再生产的企业家、商人也为粮食生产做出了重要贡献……这份价值贡献者的名单很长很长。实际上，每个敬业奉献的人在不同的工作岗位上都在创造不同的价值，每个创造价值的人都在闪闪发光。

在今后的日子里，希望同学们能够牢记"输出价值"这一人生基本责任与使命，在输出价值的过程中持续提升自我价值，在提升自我价值的过程中不断输出更多价值，形成价值驱动的良性循环。

持续输出价值，意味着我们要主动奋斗而非被迫努力。英国探险家乔治·马洛里是攀登珠穆朗玛峰的先驱者。他生于1886年6月18日，很凑巧，今天就是他的生日。在他冒着生命危险登顶珠峰失败之后，他仍积极准备下一次的攀登。有记者问他："为什么要去攀登珠穆朗玛峰？"他给出了一个简单坚定而后闻名于世的回答："因为山就在那里。"我们也要主动去探索这个世界，因为价值就在那里。艰辛探索，砥砺奋进，不断加把油，往前走，创造并输出价值，是我们自我实现和人格锤炼的必由之路。

持续输出价值，意味着我们要久久为功而非一蹴而就。创造价值不仅需要汗水、智慧，更需要经历耐心的等待。有位名叫雅各布·里斯的社会改革家曾说过这么一段话："每当我感到无能为力时，我就会去看石匠凿石头，也许他凿了100次，但石头上没有裂缝的迹象。然而，在他凿到第101次时，那块石头裂成了两半。我知道这不是最后那次凿击造成的，而是此前连续凿击的结果。"输出价值也同样如此，三四月的耕耘，到了七八月自然会有收获。

持续输出价值，意味着我们要立足现实而非耽于空想。避免耽于空想最好的方法是学习、实践、反思、再学习、再实践、再反思。价值是基于现实的，不基于现实的价值是不存在的。现实世界才是我们追求价值之旅的最好教科书。要读好现实世界这本无字之书，学习别人总结在有字之书上的经验是必要的，阅读始终是提升认知的最佳捷径之一。一定的知识面和知识结构，也是能力的必要条件。同时，实践也非常重要，尤其是走出舒适区的实践以及对实践过程的反思。每个人都可以通过反思，在岁月流转间窥得不同的真谛。努力让自己获取新的知识和见解，并善于对知识进行建构，学到真正有价值的东西，提升自己的能力水平。在此基础上，踏踏实实更好地创造与输出价值。

持续输出价值，意味着我们要合作包容而非囿于一己。漫漫人生长途，我们最好能够找到拥有共同价值观的同道者一起奋斗创业，找到有共同价值观的人生伴侣一起幸福生活。胡适说过：宽容比自由更重要。与人交往合作，"亲密"但不追求"无间"，以其长处相处，这是比较理想而成熟的人际关系。价值观相同、价值互补，无论对个人还是对组织，都是相互受益、相互共赢的。通过与他人的合作，我们有可能创造与输出更多更大的价值，收获与享有更多的价值。

亲爱的同学们，时间的脚步永不停歇，到了我们该说"再见"的时刻。奋斗的脚步也永不停歇，到了你们扬帆远航的时刻。在未来的日子里，愿你们将青春的梦想化作现实的行动，让时间的沉淀迎来价值的绽放。无论如何，母校都将为你们对社会贡献的价值而感到无比骄傲！

（作者系绍兴职业技术学院院长）

今天你们即将从学校毕业，走向更无限广阔的天地。我真诚地希望每一位同学都做自己人生的雕刻师，在大有可为的时代书写更多"技能改变人生"的精彩故事。

做自己人生的雕刻师

刘　斌

六月的校园，既是收获的季节，也是离别的季节。今天，我们聚在这里，用最隆重的形式为你们举行毕业典礼。2021届的4875名毕业生，祝贺你们圆满完成学业，顺利毕业！

毕业意味着一段时光的终点，更预示着崭新征途的起点。刚才，毕业生代表、教师代表、家长代表、校友代表都做了发言，从不同的视角，讲出了大家共同的心声。这段时间，我在朋友圈也经常看到师生们发送的毕业季动态，字里行间中，我感受到了你们对学校深深的爱恋，也使我多了几分眷恋和感动。你们在校的三年学习时光将永远铭刻在我们心里，并将伴随我们坚定前行。

三年来，职业教育迎来了"黄金发展期"。国家"职教二十条"、"双高计划"、提质培优行动计划、教育评价改革等政策措施相继实施，职业教育进入高质量发展的新阶段，成为孕育大国工匠的生机沃土。三年来，学校进入"大有可为实践期"，获批"双高计划"立项建设单位并高质量推进项目建设，召开第五次党代会并高水平落实部署任务，高起点谋划制订"十四五"发展规划，教育教学改革得到具体实践、探索、创新。三年来，同学们也创造了属于自己的辉煌。你们中的安春喜同学及团队连续获得第五、第六届中国"互联网+"大学生创新创业大赛国家级金奖，实现了我校和天津市高职院校在此赛项零的突破，受到国务院副总理孙春兰接见；你们中的张孟瑜、赵志欣、王迎龙、崔伟、胡繁媛、周培瑾等同学，苦练专业本领，在各级各类技能大赛中脱颖而出、勇夺佳绩；你们中的冀利国、张文璐、张家成、杨旭霞、杨瑞等同学，拼搏奋斗、挑战自我，在诸多比赛竞赛、志愿活动中展示了我校学子的专业态度和自信风采。三年来，大家的耐心和定力经受了考验，获得了成长。尤其在新冠肺炎疫情的特殊时期，大家一起努力，学无间断，日进不已！三年来，母校见证了你们的成长，你们也见证了母校的发展。你们将人生最美好的时光、最动人的岁月、最努力的付出定格在美丽的校园里，也让我们无比坚信，00 后的你们未来可期！

作为你们的校长、你们的老师，每年都看着一届一届的学生从入学到毕业，收获知识、收获成长，很开心，也很幸福。因为，老师因你们而实现价值，因你们而更为精彩。在给你们传道授业解惑外，我们大家共同在此学习和生活，锻造意志、培植信念、涵育情操。每年毕业离校的时候，作为你们的师长，总想给你们上好毕业典礼这"最后一课"，为你们再充一次电、再鼓一次劲。因为，毕业并不是切断你们和母校的联结，而是要将母校涵养出的精神品质，在社会这个更大的空间里延续下去。所以，每年我都精心准备这堂课。今年，我想了很多，思考了很多，最终想以"做自己人生的雕刻师"为题和大家共勉几点想法。

一要做到可为有为，不负韶华。一代人有一代人的际遇，一代人有一代人的责任。你们可以说"生逢其时"，幸运身处在伟大的新时代、职教发展的黄金期，是时代的主角、未来的建设者、改革的生力军。热爱祖国是立身之本、成才之基，作为幸运的一代人，你们一定要立志做大事，始终坚持爱国与爱党、爱社会主义高度统一，把爱国情、强国志、报国行自觉融入新时代中国特色社会主义伟大事业，贡献新力量、展现新作为、谱写新篇章！一定要珍惜机遇，充分发挥年纪轻、活力强、闯劲足、善于开拓、敢于创新、勇于争先的长处和优势，把握"此时、此地、此身"，做好"向上学"和"向下学"两篇文章，以饱满的精神面貌，全身心地投入工作，去奋斗、去打拼，干出色、干出彩，用自己的行动答好"可为有为"的答卷。同学们，凡事有了"责任"二字就变得不那么容易。"顺境逆境看胸襟，大事难事看担当。"未来路上，希望你们在困难面前不退缩，在责任面前不推脱，勇于挑起生活和事业的重担；在需要的时候，毫不犹豫地挺身而出，全力履行自己的义务；在关键时刻不辜负党和人民的重托，不辱时代的使命，顶天立地，撑起一片天空！

　　二要做到会为能为，磨砺技能。前几天，我在《人民日报》上看到一篇文章，介绍的是火箭心脏"钻刻师"何小虎。何小虎从事的工作，直接影响火箭发动机能否精准入轨，对关键部件的加工精度要求极高，公差仅为 0.008 毫米，相当于头发丝的 1/10，初期试加工合格率仅有 20%。但何小虎不畏难、不认输，最终开创了超精密加工和测量流程，使产品加工合格率达到 100%。何小虎多年来解决了火箭发动机加工难题 65 项。他从高职学校毕业的农村孩子，到航天事业中的技术工人，再到国家级高技能人才，一路走来，靠的就是磨砺技能、下苦功夫。你们 2008 届校友王警同学也是这样，凭借自己出色的技术技能，先后荣获了航天科工集团公司"航天技术能手""优秀青年人才"等诸多荣誉，2018 年还入选了《砥砺奋进的五年》大型成就展。这也使我深刻体会到职业教育中"工匠精神"回归与重塑的重要性。我们要成为高素质的技术技能人才、能工巧匠、大国工匠，就必须永远保持"干一行，爱一行，专一行"的初心，在自己的职业道路上，执着专注、精益求精，潜心钻研技能，不断打造"匠人匠心"，追求品质、追求卓越，在技术技能的传承创新中，书写属于自己的诗和远方！请一定不要把工作当作谋生的手段，或仅仅作为一种任务，完成就好；而要在激情中去主动作为，用真诚的汗水去浇灌，在奋斗追梦的路上步履不停，享受丰收的乐趣和持久的动力。

三要做到善为乐为，道技合一。"育德育能　力实力新"是学校的校训。育德育能，就是要德才兼备，职业技能和职业道德并重，技高一筹、匠心独运；力实力新，就是要老实做人、踏实做事，勤思考、敢创新，通过实干苦干巧干托起梦想和人生。实际上，我们的校训就很好地诠释了"道技合一"的内涵。道技合一是新时代工匠的精神归宿。随着现代工业社会的发展，虽然技艺已经从手工作坊向机械生产再向智能技术转变，但传统工匠并不是消失了，而是转变了新面貌——以现代工业领域里新型工匠、机械技术工匠和智能技术工匠的身份出现。要想成就匠心人生，成为知识型、技能型、创新型劳动者大军中的光荣一员，就要深刻领悟工匠的本质，把道技合一作为一种追求、一种境界，把"德"作为安身立命之本，把"技"作为毕生追求，把学校校训蕴含的职大精神、职大品格、职大力量、职大境界传承下去、发扬下去，在成就自己的同时，不断提升学校品质。

今天你们即将从学校毕业，走向更无限广阔的天地。我真诚地希望每一位同学都做自己人生的雕刻师，在大有可为的时代书写更多"技能改变人生"的精彩故事。也希望大家永远与母校心连心，一如既往地关心母校、支持母校、帮助母校，为母校发展添砖加瓦，贡献智慧和力量！今天你们为母校而骄傲，明天母校为你们而自豪。相信我们一定会迎来更加美好的相聚！祝福同学们鹏程万里，前程似锦！

（作者系天津职业大学校长）

第二章

奋斗

奋斗的青春最美丽，奋斗的果实最香甜，要
用奋斗报效国家、开创事业、成就美好人生。

奋斗的青春最美丽

张征澜

这些天我很矛盾。从内心讲，不太想做这个致辞。
因为等我说完，你们就要走了。虽然你们很多人我叫不
出名字，但你们在这里，我心里就踏实。要是有足够长
的时间，真想陪着你们所有人，让你们无风无雨，无忧
无虑，直到很久。

可学校不是温室，遮挡不了所有风雨，而你们，都
有自己的世界和前程。你们有幸遇上了伟大的时代，时
代也有幸遇见了你们，你们注定是不平凡的一代人。在
我们朝夕相处的三年里，国家破西方围堵、战新冠肺炎
疫情、胜脱贫攻坚、建全面小康，极不平凡；学校"全
国民族团结进步模范集体"、"1+X"证书制度试点院校、
全国乡村振兴人才培养优质校，国家级、省级捷报频传，

极不平凡；同学们操场练兵、课堂求知、校园漫步、赛场竞技，见证了学校的发展，经受了新冠肺炎疫情的考验，亲历了逆行驰援的英雄壮举，你们年纪轻轻就经历了许多人从未经历过的事情，极不平凡。你们必将是堪当大任的一代人，国家实现"第二个百年目标"的重任就落在你们肩上。

有一种人生叫"毕业"。孩子们，从今天起，很多事情需要你们自己去独立承担，不再有老师跟随指点，父母也不可能永远陪伴你们，你们准备好了吗？我不会祝福你们一帆风顺。我有责任告诉你们，人生没有坦途，那必然是崎岖坎坷的艰难旅程，你们要有足够的心理准备。困难、痛苦、挫折、失败，甚至意想不到的折磨，都可能成为对你们的打击，你们一定要坚强。绝境就是成功之旅。不管多难都要挺过去。要记住"彩虹总在风雨后""梅花香自苦寒来"；要记住：失败者并不是那些跌倒的人，而是跌倒了不爬起来的人。

还要告诉你们，学校不可能教给你们所有知识，走入社会，很多东西你们得重新学习，才能适应发展的需要。不能指望所学专业与工作完全对口，不能指望你将来的事业都可以与书本对号入座，也不能指望一辈子只干一个行当，更不能指望投机取巧不劳而获，最近的捷径通常是最坏的道路。做人要勇敢、正直、进取，经常学习，靠能力本事吃饭。奋斗的青春最美丽，奋斗的果实最香甜，要用奋斗报效国家、开创事业、成就美好人生。

任何事情都要一步一步地来，不要试图一口吃个大胖子。一切伟大的行动和思想，都有一个微不足道的开始。刚开始工作，一下做出很大业绩是很难的。要有耐心，有恒心，有毅力，立下一个志向，用一生去做一件事情，就一定会做好。我们干事创业不能靠运气，要靠志气。

要有爱心，满怀感恩。爱心充实生命，感恩和美世间。当你把脸朝向阳光，就不会有阴影。爱与感恩，就是生命的阳光，照亮自己也照亮世界。我们不一定能做伟大的人，但一定可以做有爱心的人。要爱祖国，爱社会，爱事业，爱生活。真诚感恩帮助过自己的人，感恩给自己设下难题磨砺自己的人，感恩顺境的成全，感恩逆境的历练，感恩花开花落、云卷云舒。

不是所有付出都有回报，但丰沛的爱心必定得到回响。

同学是最温暖的称呼，同学情是最纯洁最持久的感情。在学校你们是同学，走向社会后还是同学，要倍加珍惜同学之情。同学之间要经常联系，互相关心，成功的同学要乐于支持还没有成功的同学，多年以后混得一般的同学也不要因不好意思而躲着事业有成的同学，当同学遭遇困难时大家还要力所能及给予帮助。雄关漫道，真情可依。拥有真情的人，人生不孤独，前进有力量。

同学们，是你们给学校带来了生机和青春活力，也让学校和老师感受到了办学的意义和成就。今天，你们就要从这里出发，迈上人生的新起点，踏上书写人生华章的新征程，在此，我和全校所有的老师为你们壮行，为你们祝福。学校会永远牵挂从这里出发的每一个孩子，你们走得再远，也走不出老师的视线；飞得再高，也飞不出老师的牵念。出发吧孩子们，"海阔凭鱼跃，天高任鸟飞"，你们前程似锦，风光无限，美好的未来在召唤你们！只是，工作再忙、事情再多、道路再长，也要记得照顾好自己，别太累着！

期待你们成功、胜利的好消息！期待你们灿烂的笑脸，灿烂的阳光下灿烂归来！

再见，孩子们！

（作者系娄底职业技术学院院长）

亲爱的校友们，从这里出发，愿你们乘时代之势，上下求索，用奋斗书写属于自己的精彩人生。如"晚间地风"的祝福一样："只愿以后一路都是光明，成为想成为的人，再见面的时候满眼依旧还是光。"

乘势而为，做新时代的奋斗者

杨翠明

今天，我们隆重举行 2021 届毕业典礼，共同见证 3735 名同学圆满完成学业。由于疫情的影响，虽然只有部分同学来到现场，但我们依然希望为大家举办一场难忘的毕业典礼。

一晃就三年，匆匆又夏天。IF 在贴吧留言说："这个夏天会有多少不舍，会有多少人痛哭，多渴望夏至未至。"和大家一样，每年 6 月，是老师们最高兴最自豪的时候，也是我们最难舍最伤感的时候。高兴和自豪的是，经过三年的学习，你们终于毕业，要走向社会；难舍和伤感的是，今天你们就要离开，不知多久才会回来。

三年前，你们怀着无限憧憬、怀着对未来的渴望，走进了学校。三年来，你们学习了专业知识，参加了各类竞赛，增长了才智，强健了体魄，感受了智能时代的飞速发展，经历了新中国成立以来最严峻的疫情。细细数来，你们是否仍不能忘记，俊才苑的清晨，田径场的黄昏，德苑广场的夜晚……是否仍不能忘记，下课后热闹非凡的食堂、选课时迟迟进不去的系统、辅导员的苦口婆心、宿管阿姨的碎碎念、小伙伴的无话不聊，还有曾在表白墙上暗暗吐露过心声的那个他（她）……

三年后的今天，你们中间，雷晶、尹卓彬、陈佳琪、易炎敏、苏俊杰、刘帅、肖文静等一批同学光荣加入了中国共产党，危笑、熊英、廖湘渝、刘子雄、李天艳、梁家玉、曾志明、曾伟等一批同学将进入本科院校学习，旷文彬、肖俊、彭先宁、彭来丁、欧阳钰龙、张博涛等一批同学在国家级、省级技能竞赛中获奖，张忠、杨可、罗文静、刘锦涛、刘正生、刘海明等一批同学被评为省级、校级优秀毕业生，左宇鑫、王婷、胡涵等一批同学找到了心仪的工作，黄顺、张伟、陈兴建等同学选择了创业……三天前，岳阳长炼机电工程技术有限公司专门给学校发来表扬信，表扬宋杰、邹海涛、罗飞、吴毅、徐志豪等同学在各自工作岗位上勤奋好学，刻苦钻研专业技术，并感谢学校的辛勤培养。你们每个人的努力和付出，都为学校的发展做出了贡献，也为自己的人生奠定了坚实基础。

今天，你们就要背起行囊，走向大江南北，走向四面八方，去闯荡大千世界，去感受世态冷暖，踏上属于自己的人生之路。Lis 留言说："相伴的时间是温馨的，相处的时刻是温存的，相聚的时分是温情的，离别的祝福是温柔的。"要毕业了，出发之际，我想再叮嘱你们几句。

一是虽有智慧，不如乘势。人生的每条路都不相同，希望你们追寻正确方向。习近平总书记 4 月考察清华大学时指出：当代中国青年是与新时代同向同行、共同前进的一代，生逢盛世，肩负重任。希望广大青年爱国爱民，不断坚定"四个自信"，不断增强做中国人的志气、骨气、底气，树立为祖国为人民永久奋斗、赤诚奉献的坚定理想。今天从这里出发，你们会选择不同的发展道路，有的会走上工作岗位，有的会继续深造求学；

有的会去北上广深，有的会回到家乡；有的会选择专业对口就业，有的则会转向别的行业……人生道路有千万条，每个人的发展也有无尽的可能性，我们也许无法判断每条路将走向何方，但是要努力做到始终追寻正确方向，让自己的人生之路，与祖国的繁荣昌盛之路、与中华民族伟大复兴之路同向共轨，做到乘时代之势，顺势而为，不断成就自我。

二是勇于开拓，上下求索。人生的每条路都不白走，希望你们敢于去拼去闯。刚毕业的几年，既是你们真正走入社会的"启蒙期"，也是你们职业的"选择期"，对价值观、职业观的进一步定型，对今后的事业发展有着基础性的影响。初入社会，你们都还保持着好奇与激情，没有赡养父母、成家立业的生活压力，容错的弹性也大。青春是你们最大的资本，路都是走出来、闯出来的，经历越多，发展的可能性就越大，人生就越厚重，年轻的时候不拼搏、不尝试，以后就会有越来越多的顾忌和羁绊。希望你们不要过早地追求安稳、贪图享乐，越是艰难越要勇敢尝试，越是迷茫越要勇敢去闯，多一些"仰天大笑出门去，我辈岂是蓬蒿人"的豪气，"自信人生二百年，会当水击三千里"的锐气，"会当凌绝顶，一览众山小"的志气，始终保持上下求索的状态，趁年轻尽可能地去体验、去感悟、去创造。

三是征途漫漫，唯有奋斗。同学们，实现梦想无疑是人生的幸福，但任何"梦想变为现实"都不是等得来、喊得来的，而是奋斗出来的。今年是中国共产党成立100周年，百年历经风雨，苦难铸就辉煌。中国共产党的百年历史，是从不成熟走向成熟，在挫折中逐步走向胜利的历史，中国共产党的伟大在于矢志不渝地坚守初心和使命，坚持为中国人民幸福和人类进步事业而奋斗。习近平总书记说："中华民族伟大复兴，绝不是轻轻松松、敲锣打鼓就能实现的。"

我们每个人也一样，幸福人生离不开艰苦奋斗。你们现在少年意气，总有几分"王者"遐想，但是人生路远，道阻且长，困难就如游戏中的"野怪"，免不了在某些时候你就会被"碾压"，希望你们也能够有"打怪升级"

般的执着，每每经历困难，都有越战越勇的坚持。漫漫征途，认定了方向，就要拒绝"躺平"，直面"内卷"，就要努力奔跑，奋楫笃行，就要全力以赴，不懈奋斗，只有不停奔跑的人才是最懂得幸福、最享受幸福的。

四是为人规矩，厚德载物。社会也是一所大学，守规矩则是这所大学的必修课。三年来，学校非常重视文明礼仪教育，就是希望你们走入社会，不论是为人处世，还是干事创业，都能有规矩意识，都能懂规矩、知敬畏，因为在当今社会，无视规矩的人，注定寸步难行。是否守规矩体现了一个人最基本的人品和教养，有很多都体现在生活小细节，比如，不要随地吐痰、公共场所保持安静、乘扶梯的时候靠右站、地铁上不要一个人靠着扶栏、给老人小孩让座……有的人学历能力可能很高，但是不一定讲规矩、有教养；有的人没有什么太高的学历和学识，但仍然很有教养。希望大家能够懂得规矩，守住规矩，如此品行自然端正，为一生发展筑牢根基，打上亮堂的底色。

同学们，"你总说毕业遥遥无期，转眼就各奔东西"。今天走出校门，你们就不用再完成学习通、蘑菇丁上的任务了，不用再通过辅导猫、今日校园打卡、请假了，不用再去参加各类自己也许并不喜欢的课外活动和竞赛了，也没有人再要求你们必须上晚自习，查你们是否晚归，提醒你们要注意言行举止、要加强体育锻炼、要搞好劳动卫生、要提防各类诈骗了。在出发之前，记得和恩师前辈、同窗挚友好好告别，你们要记得取消上课的闹钟，记得修改默认的地址，记得去教室、寝室、食堂和也许还没有去过的校园角落走一走、拍拍照，记得去和朝夕相处三年的辅导员、班主任说一声"谢谢"。

你们是受疫情影响最大的一届学生，在学校待的时间并不很长，这也是学校、是我个人觉得亏欠你们的。我向大家许一个承诺，湖南机电职业技术学院是大家永远的家，你们的学生证永远可以进出机电的校门！不论何时，学校的图书馆、课堂、食堂都是大家的，随时欢迎大家回来。

亲爱的校友们，从这里出发，愿你们乘时代之势，上下求索，用奋斗书写属于自己的精彩人生。如"晚间地风"的祝福一样："只愿以后一路都是光明，成为想成为的人，再见面的时候满眼依旧还是光。"母校时刻都在关注着你们的辉煌与荣耀，期待分享你们的成功与喜悦，希望你们常回家看看。

（作者系湖南机电职业技术学院院长）

> 我想送同学们三句话："躺平"只是"逃避的苟且",绝不会有"诗和远方";"躺平"绝不能"躺赢",唯有"荡平"才能"坦平";拒绝"躺平",做新时代的奋斗者。

拒绝"躺平",
做新时代的奋斗者

郭 超

我至今还清晰地记得,三年前,当你们怀揣着对大学的美好憧憬来到湖南安全技术职业学院的时候,你们青涩稚嫩的样子。今天,你们毕业了!这注定是一个值得你我都永远记忆和珍藏的日子。

三年中,潜心钻研、磨炼技艺,职业技能大赛的领奖台见证了你们的努力拼搏,你们的发奋让我惊喜;挥汗如雨、整齐划一,"三年一贯制"的军训场叫响了应急安全特种兵的威武称号,你们的顽强让我动容;疫情防控、安心宅校,井然有序的校园诠释了你们的大局与担当,你们的成熟让我欣慰;热情周到、贴心备至,大型活动的志愿服务中你们亮出了一张张真诚自信的学校新名片，你们的优秀让我惊艳……

三载春秋，转瞬即逝，蓦然回首，一切历历在目。

按照惯例，在今天的典礼上，校长要有毕业寄语。我不会讲"金句"，但下面我要说的话，基本上可以算作"良言"。所以，我希望你们要认真听，听完以后要认真想，想完以后如果你认为是对的，请遵照执行。前天是父亲节，当年我的孩子大学毕业即将走向社会的那天，临别寄语前，我也是这样与他约定的。

最近，有一个叫"躺平"的网络新词迅速蹿红了年轻人的朋友圈。我一开始并不知道是什么意思，赶紧"百度"了一下。原来它描述的是年轻人不想拼命工作赚钱，放弃奋斗，主动降低欲望的一种生活方式。联想到前不久我看到的一篇文章，说到目前有不少年轻人很向往和憧憬中国改革开放前那种吃"大锅饭"的生活，其实他们并没有经历过，也正是因为他们没有经历过，他们认为尽管"大锅饭"吃得并不怎么好，但只要不让我去拼命，差点就差点呗！这可能就是"躺平"吧。"躺平"看似是青年个体面对社会生存压力的一种洒脱和自我解放，但人类要发展、社会要进步，人人都"躺平"，那可怎么得了啊？所以，今天我就要和你们说说"躺平"这件事。主题就是"拒绝'躺平'，做新时代的奋斗者"，我想送同学们三句话。

第一句话是："躺平"只是"逃避的苟且"，绝不会有"诗和远方"。

所谓"鸵鸟思维"，想必同学们都很清楚。鸵鸟在面临危险、遇到袭击时，便会把头深埋进沙子里，自以为自己看不见、听不着就能消除危险、逃避袭击。"躺平"其实就是一种典型的"鸵鸟思维"。我们00后的同学们，从你们出生一直成长到今天，绝大多数从小就受到父母、老师、社会的各种呵护，没有经历过生活的艰难、竞争的压力和成长的磨砺。当风雨来临之时，面对当今这个"百年未有之大变局"的世界，在优胜劣汰的"丛林法则"面前，一个国家、一个团队、每个人都一样，你是做一只逃避的鸵鸟，还是做一头搏击的雄鹰？你苟且得一时，还能苟且得一世吗？你能真正躺得下，摆得平吗？躺着的你不要说能够到达诗和远方，躺着的你恐怕连看到诗和远方都是一种奢望。活鱼逆流而上、死鱼随波逐流，躺一时，可以养精蓄锐，躺一世，只能自取灭亡。正当青春年华、时代"后浪"的你们，绝不能满足于慵懒颓废的"葛优瘫"、执着于火锅撸串的"小确幸"，星辰和大海都需要门票，诗和远方的路费也很贵，只有以奋斗者的姿态拥抱新时代，才能开创属于自己的新天地。

第二句话是："躺平"绝不能"躺赢"，唯有"荡平"才能"坦平"。

习近平总书记在2018年的新年贺词中励志地告诫我们"幸福是奋斗出来的"，而奋斗本身就是一种幸福。邓小平也说过："世界上的事情都是干出来的，不干半点马列主义都没有。""空谈误国、实干兴邦"的道理，同学们应该都懂。你们可以看看你们在校的这三年时间里，从国家层面看：我们打赢了脱贫攻坚战，打赢了疫情防控阻击战，面对当今世界"百年未有之大变局"，我们的国家顺应历史潮流，肩负大国担当，彰显大国自信，释放大国力量，震撼了全世界，影响了全世界，也改变了全世界，哪一项成就不是奋斗出来的？从学校层面看：学校教育教学、基本建设、校容校貌等各方面都取得了众多突破性、标志性的成果，连续获得"湖南省文明高校""湖南省直机关文明标兵校园""省平安建设先进单位"的殊荣，哪一项工作不是干出来的？这其中就有你们的付出和汗水，我感谢你们。从个人层面上看：在你们当中，有不少同学通过专升本考试升入本科院校继续深造，有100多名同学获得省级以上各类职业技能竞赛奖项，有9名同学获得国家奖学金，218名同学获得国家励志奖学金，还有更多的同学成为创新创业大军中的佼佼者。请告诉我，哪一项业绩是躺着打游戏打出来的？天上掉馅饼，掉下来的一定是陷阱；轻松赚大钱，那是骗你没商量的谎言。"躺平"绝不能"躺赢"，唯有积极"荡平"所有的困难和险阻，我们前进的道路才能真正"坦平"。

第三句话是：拒绝"躺平"，做新时代的奋斗者。

俄国著名作家车尔尼雪夫斯基曾经说过："生命的崇高是和责任的担

当联系在一起的。"梁启超先生也曾这样说："人生于天地之间，各有责任。知责任者，大丈夫之始也；行责任者，大丈夫之终也。"今年是中国共产党建党 100 周年，也是实现"两个一百年"奋斗目标的交汇之年，而你们恰好青春年少，即将跃入大海，去做一朵奔涌的浪花，在实现中华民族伟大复兴中国梦的征程中去施展你们的聪明才智。在最美好的年纪遇到最美好的时代，你们是幸运的！拒绝"躺平"，你们要坚定理想信念，增强"不想躺"的使命感，做有大情怀的奋斗者；拒绝"躺平"，你们要坚持终身学习，增强"不能躺"的紧迫感，做有大学问的奋斗者；拒绝"躺平"，你们要坚持修身立德，增强"不该躺"的责任感，做有大操守的奋斗者。正如去年抗疫的战场上，广大 90 后、00 后喊出的那样："2003 年非典的时候，我们还是个孩子，是你们在保护着我们；现在，我们长大了，轮到我们来保护你们了！"

今天毕业、跨出校门，你们的身份将由学生变成校友，但永远不变的是你们身上的学校烙印，永远不变的是母校对你们的殷殷深情。无论走多远都不要忘了来时的路。记得在今年的校友会理事会上，我对校友会秘书处的工作提了三个"更"的要求：母校要让更多的校友回家、母校要助更多的校友出彩、校友要更多地为母校争光。常回家看看，等你们再回家之时，新征校区建好了，校园面积扩大了，你们微词最多的校门变样了，你们戏言"一支烟还没抽完，校区就转完了"的日子一去不复返了。

亲爱的同学们，除了中国梦和母校梦，我还有一个梦，什么梦？那就是你们事业有成、生活美满的梦。同学们，夏日晴方好，扬帆正当时，愿你们此去星辰大海，一路繁花似锦！

（作者系湖南安全技术职业学院院长）

　　理想的风帆已然升起，希望你们顺应历史潮流，不负伟大时代，拓展胸襟视野、确立崇高信仰。挂云帆，踏万古江河；济沧海，铸不朽人生！

激扬永久奋斗之力
绽放青春绚丽之花

徐汉文

　　又是一年繁花似锦，栀子飘香；又是一次青春激荡，毕业时光。"时雨及芒种，四野皆插秧"，在这个寓意着收获与希望的时节，我们无锡商业职业技术学院的4055名同学即将背起满满的行囊，开启人生新的征程。

　　韶华三载，岁月如歌。三年前，同学们满怀憧憬与期待，来到了商院的校园，转眼间时光已逝，大学在你们的青春里镌刻了难以磨灭的印记，也在你们的人生中留下了进步成长的年轮。

　　花开花落，云卷云舒。三年里，学校的发展日新月异，先后入选江苏省高水平高职院校、全国优质高职院校、全国"双高计划"建设单位，这其中，离不开你们的支持与付出；三年时光中，学校团委首次荣获"全国五四红旗团委"，多个学生团队受到团中央表彰，这其中，凝结着你们青春的汗水与欢笑；三年时光中，你们一步一步成长起来，为无锡商院争得了诸多开创性的第一，在学校的光荣榜上续写了属于你们的荣光。在这其中，有钟明豪等 7 位同学荣获"互联网 +"技能竞赛一等奖，有周祥画等 15 位同学荣获全国职业技能大赛一等奖，有石玮等 22 位同学荣获国家奖学金。同时，我们更自豪地看到，赵伟等 60 位同学踏入军营、穿上戎装，成为我们最可爱的人。在这里，让我们把最热烈的掌声，献给守卫伟大祖国的无畏战士和即将离校的各位学子。

江南烟雨，又道别情。离别时刻，我不想带着悲情说"相见时难别亦难，东风无力百花残"，也不想带着悲壮说"劝君更尽一杯酒，西出阳关无故人"。我只想说欣逢盛世，当不负盛世！

各位同学，临别赠言，我只讲三点，与大家共勉。

一是胸怀家国，不忘来时之路。我们需要理性地思考并清晰地回答：进入大学学习为了什么？绝不是为了做一个"精致的利己主义者"，而是为了能够肩负起祖国富强、民族复兴的大任！你们是历史的见证者，更是未来的主宰者；你们是一个个家庭的脊梁，更是民族振兴、国家富强的希望，你们的未来不可限量。再过 20 天，我们将迎来建党 100 周年。回望百年历程，我们实现了从站起来、富起来到强起来的伟大飞跃，迎来了实现中华民族伟大复兴的光明前景。在我们起身前行时，更需要时时翻阅历史，不忘来时之路，以更加坚定的自信，走好自己的路，做好自己的事。你们即将结束在无锡商院的求学生涯，也即将承担新的责任、去追逐新的梦想。希望同学们不管到何时何地，都不要忘记在商院的 1000 多个日夜，不要忘记同窗之谊、师生之情，无锡商院永远牵挂着每一位学子，你们都是学校独一无二的骄傲。

二是勤奋踏实，走好当下之路。你们的人生将翻开新的一页，有的同学将进入其他高校继续学习深造，有的同学将踏上工作岗位就业创业。无论是在校园抑或在职场，无论是在异乡还是在家乡，希望你们都能够撸起袖子加油干，既要能够在平坦大道上大步前行，也要敢于在荆棘沟壑中开创新路，稳扎稳打走好脚下的每一步。"九层之台，起于垒土。"经济学上有个非常重要的概念叫作复利，如果你每天都能够获得比前一天多 0.1% 的收益，那么 1 年之后，你的收益将达到 40%；2 年之后，你的收益将达到 100%；持之以恒，在 10 年之后，你的收益将达到 3700%。当然，这种理想的收益模式，在现实经济中是很难实现的，但是如果我们把复利的概念运用到个人的成长中，将为自己的成长带来不可估量的收获。希望你们能够始终保持自律，以积极、知足、感恩、达观的阳光心态，做自己的主人、做时间的主人，把眼前的每一分每一秒都充分利用起来，让自己的经历充实起来，争取每天都能够比昨天进步一些，假以时日，你将读完一本本好书，精通一个个技能，增长一项项本领，脚下的道路也将越来越宽广。

三是砥砺奋进，攀登未来之路。不久前，我刚刚刷完《觉醒年代》，深受启发。在那个内外交困、动荡不安的年代，一大批优秀热血青年追求真理、燃烧梦想，率先扛起了马克思主义的大旗，开启了中国历史新的篇章，树起了青年人的英雄榜样。鲁迅先生曾说过："我们从古以来，就有埋头苦干的人，有拼命硬干的人，有为民请命的人，有舍身求法的人……"希望大家进一步做好自己的人生规划，充分把握百年大变局中的历史机遇，把个人成长的小我融入建设新时代中国特色社会主义的伟大实践，在改革发展浪潮中扬帆起航。希望你们在未来的时光中，能够秉持"艰苦创业、自强不息、敢为人先、追求卓越"的无锡商院精神，在学习历练中增长才干，在学习历练中完善自我，在学习历练中超越自我，在攀登人生高峰的道路上不断取得新的辉煌。未来的道路上，难免会遇到困难与挫折；我相信，你们会一次次地起身向前，而不是就地"躺平"，因为"永不言败"是无锡商业职业技术学院学子身上最美的光芒。

理想的风帆已然升起，希望你们顺应历史潮流，不负伟大时代，拓展胸襟视野、确立崇高信仰。挂云帆，踏万古江河；济沧海，铸不朽人生！

　　愿你们

　　带着诗意奔向远方

　　祝你们

　　勇立潮头扬帆远航

　　　　　　　　　　　（作者系无锡商业职业技术学院院长）

希望你们牢记习近平总书记嘱托，在未来的征途中，目中所视无尽星辰大海，胸中仍存丘壑万千；策马扬鞭驰骋万水千山，身心常回"芜职"校园！愿你们在不倦的生活中不内卷，平凡的人生中不躺平！

愿人生字典里
只有奋斗，没有"躺平"

高 武

很高兴见证你们人生的又一重要时刻，祝福所有顺利完成学业、踏上人生下一段精彩旅程的同学。期待，你们用所学回馈社会，成为技能人才、能工巧匠、大国工匠；祝愿，你们插上梦想之翼，奔赴美好未来。

时光流转，岁月不居。人生是一次次选择、相遇、陪伴和告别的轮回。意气风发的你们在芜湖职业技术学院走过了桃花芬芳、风荷依依、银杏飘黄、漫天飞雪的四季。有同学驰骋于竞技场上，闯关夺隘获得国家级奖项；有同学拼搏进取，升本读研继续学习；有同学埋身于创业孵化中心，淘到人生第一桶金；有同学参军入伍，用青春筑就强军梦……你们在校期间亲历和见证了学校被立项为国家"双高校"，获评国家优质校，入选多项示范校、标杆校，取得了一项项成绩、获得了一项项荣誉……我们还同甘共苦、携手"战疫"。你们用热爱燃烧梦想，用梦想激励奋斗，用奋斗谱写华章。蓦然回首，会发现留在记忆最深处，那艰难跋涉中经历的苦与乐，那亮丽风景中难忘的人或事，造就了与入学前不一样的你。你们在这里拔节孕穗、蜕变成长，实现了人生蝶变，绽放着青春风华。今天，在祝贺你们毕业的同时，更祝贺你们在学校精神的熏陶下实现了自身品格塑造和精神升华。我为你们而欣慰，更为你们而骄傲！

今年最火的热词是"躺平"。面对"内卷"的高压，很多人选择了"躺平"。"内卷"是逃避的借口，"躺平"则是逃避的姿势。我认为，"躺平"只应该是旅途上暂时的灵魂休息，白天与黑夜的交替中的休憩；"躺平"只能是"乐观主义""超脱""惬意"的代名词，而不是"悲观主义""逃避""惆怅"的同义词。"躺"得了初一，"躺"不过十五。偶尔"躺平"，那是个体的消极自由，但为明天而奋斗，则是更有力的积极自由。社会纵有"内卷"，我们不容"躺平"！

以同学们为主角的青春故事，像春风、夏露、秋雨、冬雪一样渲染、浸润了这座校园，与学校百余年的历史文化融为一体，成为滋润一代代学子梦想绽放的人文土壤。在你们即将离家远征之际，作为校长、师长，我有三点嘱托和祝福想赠送给你们。

第一，心怀"大我"，与家国同行，做"仰望星空、脚踏实地"的奋斗者。"天下之本在国，国之本在家，家之本在身。"不久前离开我们的袁隆平院士为了初心——愿天下人都有饱饭吃，在泥泞的田地里一走就是几十年，遭受过质疑、经历过失败，但他从不放弃，用粗糙的双手为祖国捧出了绿色希望和金色收获。他的家国情怀，融于每一粒稻米之中。习近平总书记指出，只有把小我融入大我，才会有海一样的胸怀、山一样的崇高。希望你们也能像袁公一样，站在国家、民族、人类未来的大视野中去思考问题、付诸行动，把个人理想融入中华民族伟大复兴的中国梦，矢志不渝与家国同行，做"中国的脊梁""家庭的顶梁柱"，描绘大写的人生、成就平凡的不凡。

第二，历练"小我"，与知识同行，做"知行合一、躬行致远"的实干家。同学们，大学学习的专业知识不足以应对未来的职业变迁，应对变化的世界，需要终身学习，来延展思想的宽度和高度。读书和实践，是一个人间接、直接获得知识和经验的两条途径，读万卷书、行万里路，方有见识。要想跟上时代发展的步伐，在工作的舞台上成功出道，站得稳、跳得美、行得远，就必须终身学习、不断求索。希望生活在网络时代的你们，不要把心灵禁锢在小小的手机和电脑屏幕上，而是在与好书和原著的交流中"仰观宇宙之大，俯察品类之盛"，这样方能在未来激烈的竞争中站稳脚跟，在"青春有你"的舞台上妥妥地站定"C位"。

第三，感恩"你我"，与责任同行，做"厚积薄发、自强不息"的弄潮儿。一代人有一代人的责任，一代人有一代人的担当。00后的你们有我们这代人不曾拥有的优越条件、广博见识，站在更高的起点、面临更好的机遇，但同时也将面临我们这代人不曾经历的挑战。成长至今，你们的一路上有许多人的帮助参与，我希望你们能抽出时间来告诉他们，他们对你来说有多重要。而我们更要感谢曾经奋斗的"自己"。同学们，告别校园、进入职场，你们一定会遇到以前不曾经历的艰难险阻，外界的催逼、身边的比照、内心的焦灼，不尽的压力会滚滚而来。成年人的世界没有"容易"二字。希望同学们不驰于空想、不骛于虚声。要有"初生牛犊不怕虎"的豪情、"天生我材必有用"的自信，大胆尝试，不怕失败、不怕嘲笑，敢为人先、敢闯敢拼，在无趣无力的日子仍对世界保持好奇，在繁忙琐碎的事务中仍严格自律。你们要坚信，人生千万种，唯有奋斗一途。

我们刚刚庆祝了中国共产党成立100周年。百年大党、风华正茂，过尽千帆、未来可期，建党百年，仍是少年！"我还是从前那个少年，初心从未有改变，百年只不过是考验，美好生活目标不断实现。"立身成败，在于所染，过去所有，皆为序章。芜湖职业技术学院滋养了你们的青春韶华，奠定了你们走向成功的人生之基。而你们，也将带着芜职人的特有基因，奔向天涯海角、走过万水千山。如果人生是一次远航，在百年变局的大海里，"崇德"就是你们人生的灯塔、"尚能"就是你们人生的船舵、"务实"就是你们人生的风帆、"创新"就是你们人生的助推器。同学们，带上"崇德、尚能、务实、创新"的校训出发吧！勇敢地去拼搏、去追梦，我和母校老师们都坚信，你们一定行！

习近平总书记在庆祝中国共产党成立 100 周年大会上对广大青年提出："新时代的中国青年要以实现中华民族伟大复兴为己任，增强做中国人的志气、骨气、底气，不负时代，不负韶华，不负党和人民的殷切期望！"希望你们牢记习近平总书记嘱托，在未来的征途中，目中所视无尽星辰大海，胸中仍存丘壑万千；策马扬鞭驰骋万水千山，身心常回"芜职"校园！愿你们在不倦的生活中不"内卷"，平凡的人生中不"躺平"！

谢谢大家！祝福你们！

（作者系芜湖职业技术学院院长）

我想借用习近平总书记的话为你们起航——"青年人既是追梦者又是圆梦人，每代青年都有自己的际遇和机缘"。中华民族伟大复兴的接力棒已传到你们手中，你们要勇敢地承担起时代赋予的这份责任。

不负时代　奋勇向前

陈继梦

在建党 100 周年之际，我们迎来了今年的毕业典礼。因常态化疫情防控的需要，今天我们采用线上线下结合的方式让同学们在此相会，共同庆祝和见证 4891 名同学圆满完成学业。

"时光太瘦，指缝太宽。"不经意间，你们从曾经毕业季的看客变成了今天的主角。典礼开始前，大家观看了一段回顾短片，你们入校的情景恍如昨日，现在就到了和大家说"再见"的时候了。三年来，我们共同见证了彼此的成长与收获。学校从省优质校，成为国家优质校，获批中国特色高水平高职学校和专业建设单位，突破了一个又一个国家级项目和成果。同学们同样不负青春与梦想，书写了属于自己的华彩篇章。在你们当中，有 100 余名同学在国赛、省赛、行业赛等技能大赛中获奖；有 200 余名同学在国家、省文化艺术节、创新创业大赛等素质类大赛中获奖；400 余名同学获国家、省励志奖学金；468 名同学获得省市级优秀毕业生荣誉等。毕业在即，有的同学已奔赴祖国海疆保家卫国；有的同学将赴本科学校继续学习；还有大多数同学将投身工作岗位，在各行各业贡献力量。我由衷地为你们的成长感到欣喜，为你们取得的成绩感到骄傲！正是因为有一代一代像你们这样的优秀学子，山东交通职业学院才会枝繁叶茂、桃李芬芳。

习近平总书记指出："我们面临的新时代，既是近代以来中华民族发展的最好时代，也是实现中华民族伟大复兴的最关键时代。"为实现中华民族伟大复兴的中国梦而奋斗，你们既承载着伟大时代使命，也面临着人生难得的建功立业的人生际遇。临别之际，作为老师和朋友送三句话与大家共勉。

一是以爱国和奉献弘扬时代价值。100 年前，中国共产党诞生，一群和你们一样朝气蓬勃的青年，在风雨如晦的中国苦苦探寻民族复兴的前途，开启了中国革命的艰苦航程。100 年来，在中国革命、建设、改革进程中，广大青年勇于担当、奉献青春，把青春奋斗融入党和人民事业，始终是"实现中华民族伟大复兴的先锋力量"。48 年来，一代代交职人秉持家国情怀，践行着时代责任与担当，为交通运输事业发展、为经济社会发展贡献交职智慧和力量。3 年来，在大家共同努力下，学校先后获得全国五四红旗团委、全国无偿献血促进单位、全国志愿服务项目示范团队、山东省征兵工作先进单位等荣誉，这些都是同学们爱国奉献精神的写照。希望你们能继续传承交职院人的家国情怀，弘扬爱国奉献精神，把个人理想融入国家和民族的事业中，把爱国情、强国志、报国行融入实现中华民族伟大复兴的征程，做好本职工作，努力创造无愧时代的业绩。

二是以识变和创新回应时代所需。我们面临的是百年未有之大变局，我们身处的时代是加速发展和变革的时代。在过去这两年里，我们亲身经历了一场载入人类史册的大事件，那就是新冠肺炎疫情在全球范围内的蔓延。时代的变革与我们每个人生活、学习、工作息息相关，这些带来了我们今天师生的云端相见。当前，人工智能、大数据、新能源等新业态、新动能和新领域技术日新月异，希望你们准确识变、科学应变、主动求变，主动融入新时代，掌握新技能，消化新知识。坚持创新精神，在求新探异中创造发展新机会，以创新创造贡献国家和社会。

三是以本领和担当扛起时代重任。"神舟"飞天、"北斗"组网、"嫦娥"探月、"天问"奔火等，每一项重大成就都有青年们坚持不懈的奋斗。你们生活在一个大有可为的时代！习近平总书记在庆祝中国共产党成立100周年大会上强调："未来属于青年，希望寄予青年。"青年兴则国家兴，青年强则国家强。我们国家实现了全面建成小康社会、全面脱贫攻坚的宏伟目标，社会主义现代化强国的广阔画卷将由你们这一代人来描绘和渲染，将会在你们的接续奋斗中变为现实。未来，无论同学们是深入行业企业工作还是继续求学，希望你们都能传承发扬学校"厚德 守正 精技 创新"的校训，保持勤奋不懈的学习态度、精益求精的职业品质、崇德修身的高尚情操，在学习中积累知识、涵养品质，在工作中增长才干、练就本领，用"担当"书写未来，永葆中国人的志气、骨气、底气，不负时代，不负韶华，勇做走在时代前列的奋进者、开拓者，以实际行动证明"不愧为大有希望、大有作为的一代"。

三年大学时光写进你们最美好的青春。我想借用习近平总书记的话为你们起航——"青年人既是追梦者又是圆梦人，每代青年都有自己的际遇和机缘"。中华民族伟大复兴的接力棒已传到你们手中，你们要勇敢地承担起时代赋予的这份责任。

同学们，今后无论你们走得多远，母校永远牵挂着你们。无论你们身处何方，母校永远是你们的坚强后盾！凤凰山上，我们一直都在！

（作者系山东交通职业学院党委书记）

临别之际，请允许我代表学校再提三点希望，作为临别赠言与同学们一起共勉。一要始终坚定理想抱负，二要始终坚守道德良知，三要始终坚持努力学习。

奋斗不止　一路阳光

徐须实

今天，我们在这里隆重举行 2021 届毕业典礼，这是衢州职业技术学院 2010 年独立办学以来，首次集中举行全校性的毕业典礼。之所以这样做，是希望为同学们三年大学生活画上一个圆满的句号，为同学们踏上人生新的征程再鼓一次劲、再加一次油。

2018 年到 2021 年，三年的时间，并不算长，但足以铭记一生。这三年，同学们见证了改革开放 40 周年大会的召开，亲历了庆祝新中国成立 70 周年的盛典，亲身参与了突如其来、艰苦卓绝的疫情防控斗争，今年又喜逢中国共产党建党 100 周年，同学们在这些大事要事中开阔了视野、经受了历练、感受到了国家的发展和社会的进步！这三年，同学们求知识、练技能、做公益、强身体，在校园内外，挥洒着汗水和激情，收获着成长和友谊。三年的时间，完成了从一名学生到技术技能人才的华丽转身！时光荏苒，岁月匆匆，三年的大学生活即将成为过往，但一定会成为大家最美好的青春记忆！

今天大家欢聚一堂，明天将奔赴新的战场！临别之际，请允许我代表学校再提三点希望，作为临别赠言与同学们一起共勉。

一要始终坚定理想抱负。理想是人生的灯塔，决定着我们的目标和方向，没有理想，就如无根的浮萍，只能随波漂荡。从现在开始到21世纪中叶，是实现我们国家第二个百年奋斗目标、建设社会主义现代化强国的30年，这项伟大事业为每一位中华儿女提供了施展才华的舞台和实现人生理想的机会！这30年，正是同学们年富力强、干事创业的黄金30年，你们生逢其时、大有可为！中华民族伟大复兴的中国梦将在你们手上得以实现，你们注定是这一伟大奇迹的创造者，这一伟大梦想的见证者！希望同学们"矢志追求更有高度、更有境界、更有品位的人生"，自觉地将个人的理想抱负融入国家、民族进步发展的宏伟事业，不负盛世，不懈努力，在适应社会的需求中锤炼自我，在服务社会的过程中发展自我，在回报社会的过程中提升自我，在奋斗的新征程中绽放出更加绚丽的青春之花。

二要始终坚守道德良知。习近平总书记指出："国无德不兴，人无德不立，修身养德，是底气之源、成事之基。"我们学校以"尚德弘毅，知行合一"为校训，就是希望所有衢职学子都能以德立身、以德立业、以德致远！外面的世界很精彩，外面的世界很无奈，未来的人生旅程中，有鲜花也会有荆棘，有坦途也会有泥泞！但请同学们记住，无论你身处何时何地，遇到何事何人，道德良知都是是非善恶的判断准绳，遵纪守法都是为人处世的坚守底线！我们当中并非所有人都有机会名扬万里、飞黄腾达，但只要坚守道德良知，坚持脚踏实地，我相信，一定会拥有一个幸福的人生。

三要始终坚持努力学习。美国管理学者汤姆·彼得斯说过，"教育并不以你获得最后一张文凭而中止。终身学习在一个以知识为基础的社会里是绝对必需的"。文凭只能证明你即时的状态，不能说明你永远的水平。

在新一轮科技革命和产业变革方兴未艾的快速发展时代，不进则退，慢进也是退！面向未来，大家所向往的美好人生并非轻轻松松、敲锣打鼓就会实现，但也绝非琢磨不透、遥不可及，它的成功之道在于学习和奋斗。有专家曾经说过，人与人之间最小的差别是智商，最大的差别是坚持。走出校门，不是学习生涯的结束，而是新一轮深造的开始！不必耿耿于怀于自己当前的高职学历，只要坚持学习，你必定会比别人走得更远、取得更大的成就。

从今往后，你们有了新的名字——校友，衢州职业技术学院也有了新的称谓——母校，这里，曾经、现在、将来，永远是你们的家，欢迎同学们常回家看看！

青春因磨砺而闪光，平凡因奋斗而不凡。祝同学们前程似锦、一路阳光！

（作者系衢州职业技术学院党委书记）

奋斗就是为一个目标去战胜各种困难的过程，这个过程会充满压力、痛苦和挫折，我们要懂得以乐观释放压力，以信仰化解痛苦，以坚忍应对挫折。而当我们年轻时，是奋斗的黄金时期，也是为终生奋斗积蓄能量的关键时期。

奋斗创造美好未来

许建领

今天，我们采取线上与线下相结合的形式，举办毕业典礼，送别 2021 届 7358 名毕业生。

"心栖梦归处，不负韶华年。"在深圳职业技术学院的这几年里，同学们用自己的不懈努力与全情付出，创造了一个又一个足以让自己、家长和母校骄傲的成绩。同学们中有 6696 人正式取得毕业证书，另有 1341 人获得拓展专业证书，有 26 人次获得国家奖学金，有 10 人次获得国际竞赛奖项，有 77 人次获得国家级技能大赛奖项，有 362 人次获得省级大赛奖励。截至目前，我校毕业生已就业签约 6054 人，另有 45 人开始创业，58 人在国内外继续深造，42 人报名参军。商务外语学院的郑晓雯同学，在经历了无数次的刻苦训练后荣获中国第一届职业技能大赛银牌，获得"国家技术能手"称号，她也成功留校成为光荣的深圳职业技术学院教师；管理学院的喀斯木江·阿布都热西提同学，敢想敢拼，反复演练，在全国高校大学生讲思政课展示活动中，和名校的本硕博层次选手同台竞技，斩获全国一等奖；应用化学与生物技术学院的詹智浩同学，积极实践，刻苦钻研，他带领的团队荣获中国国际"互联网+"大学生创新创业大赛全国金奖、国际基因工程机器人大赛金奖。同学们通过三年辛勤耕耘收获了此刻的累累硕果，你们经历三年的奋斗磨砺成就了此刻更加强大的自我。作为校长，我为你们感到骄傲。

今年是中国共产党成立100周年，即将毕业的你们有幸见证这一历史性时刻。100年前，正是一批年轻人用不懈奋斗成就了如今的百年大党，当年创党的核心成员年龄大多和你们相仿，中共"一大"代表刘仁静年仅19岁，邓恩铭23岁，王尽美23岁，年龄较大的毛泽东也不过28岁。他们以青年人的朝气和锐气开辟了新天地，创造了新纪元。

习近平总书记曾说过"奋斗是青春最亮丽的底色"，他也在和你们同龄的时候就以实际行动诠释了这句话的真谛。他从1969年开始，就到陕西省梁家河插队七年，他身先士卒深入生产劳动一线，带领村民积极发展农业技术，切实提高了农业生产效率，在他22岁离开梁家河时村里的面貌发生了根本性变化。从梁家河知青到党的总书记，他的个人成长史就是一部为国为民的奋斗史。

除了百年大党和党的总书记的厚重的奋斗印记，许多普通中国人也以面对生活的执着和温情生动阐释了奋斗的真谛。日前，一条"河南96岁奶奶坚持摆摊30年卖菜馍"的视频走红网络，视频中奶奶谈吐不凡，对生活的理解独到而深刻，她认为奋斗的真谛就是执着、自信和乐观，建议年轻人更要发愤图强。不少网友为其点赞，直呼自己"被鼓舞到了"！

中国共产党的百年党史就是党领导人民的顽强奋斗史，习近平总书记从梁家河到中南海的成长史就是为民执政的不懈奋斗史，生活中千千万万普通人为了美好生活的辛勤打拼史就是平凡但伟大的个人奋斗史，这都告诉我们，奋斗就是为一个目标去战胜各种困难的过程，这个过程会充满压力、痛苦和挫折，我们要懂得以乐观释放压力，以信仰化解痛苦，以坚忍应对挫折。而当我们年轻时，是奋斗的黄金时期，也是为终生奋斗积蓄能量的关键时期。

你们即将开启新的人生征程，愿你们珍惜青春年华，用奋斗创造美好未来，在此，我向你们提出三点希望。

奋斗的青春，应当常怀爱国心。孙中山先生说，"做人最大的事情，就是要知道怎么样爱国"。"杂交水稻之父"袁隆平 23 岁在湘西一所职校任教时，目睹三年困难时期的遍地饥荒，他立下壮志，并把毕生精力都投入了水稻育种事业，解决了困扰中国几千年的粮食问题，这是袁隆平爱国的答案。当你们离开校园走向社会之时，面对同样的问题也应有新的思考和作答。爱国，要立志高远。站在"两个一百年"的历史交汇点，青年一代的你们是中华民族伟大复兴的参与者、贡献者、见证者，希望你们勇敢肩负起时代赋予的重任，在全面建设社会主义现代化国家的新征程中放飞青春梦想。爱国，要笃定前行。希望你们坚定走好技能成才、技能报国之路，在一线工作中锻造"金刚钻"、干好"瓷器活"，早日成长为能够支撑中国制造、中国创造的"能工巧匠""大国工匠"。爱国，要修身立德。希望你们尊重和学好中华民族历史和文化，弘扬传统美德，传承红色基因，积极践行社会主义核心价值观，在忆古思今中加强道德修养、涵养爱国情怀。

奋斗的青春，应当永葆进取心。电影《攀登者》中，中国登山队两次冲顶珠峰，完成了人类历史上第一次从北坡登上世界第一高峰的壮举，"世上无难事，只要肯登攀"的"攀登精神"，激励了一代代攀登者拼搏进取、无畏前行。进取就要保持"不待扬鞭自奋蹄"的争先精神。制造强国建设迫切需要大批高素质技术技能人才，你们既拥有广阔的发展空间，也承担着伟大的时代使命，希望你们以时不我待、只争朝夕的精神把握机遇、施展抱负，为中国制造转型升级添砖加瓦、献智出力。进取就要保持"咬定青山不放松"的坚忍品格。练就过硬技术、掌握精湛技能是你们的立业之本，希望你们在专业技能上多一些"较真"精神，以求知若渴、永不满足的斗志，向成为大国工匠、能工巧匠的目标发起冲刺和挑战。进取就要保持"板凳甘坐十年冷"的潜心磨砺。每一项事业，不论大小都是靠脚踏实地、一点一滴干出来的，希望你们肯下苦功夫、韧功夫，在自己的工作岗位上稳扎稳打、勤学苦练，一步一个脚印踏踏实实走好每一步。

奋斗的青春，应当守好平常心。你们身处一个高度竞争、快速变革、充满不确定性的时代，现实的艰难困顿交织内心的惆怅焦虑，这是每代人在青年阶段都会经历的过程。"风物长宜放眼量"，现代社会拥有一颗平常心尤为重要。守好平常心，要正确看待得失成败。生命是场马拉松，风景与风雨同在，平常心象征百折不挠的顽强意志，它并非得过且过、浑浑噩噩，而是摒除杂念、心无旁骛，保持不计较、不偏执、不盲从的定力，用平常心做非常事。守好平常心，要学会热爱生活。生活本身是一门大学问，微末之中蕴藏着丰富的人生智慧，希望你们广结良友、用心生活，培养更多元的兴趣爱好和隐藏技能，在"破圈""跨界"的斜杠人生中体悟万物可期、人间值得。守好平常心，要养成健康的生活习惯。希望你们敬畏生命、爱惜身体、规律作息，去阅读、去运动、去亲近自然、去关爱家人，用内心的坦然与丰盈，从容不迫地面对扑面而来的一切。

同学们，就到分别的时刻，千言万语道不尽牵挂与惦念，请记得母校永远是你们坚强的后盾和心灵的家园，天光云影的溪湖水，红果满枝的荔枝林，热闹如常的灯光球场，还有你们喂过的锦鲤和深职鹅，都会一直在这里守护着你们最珍贵的青春记忆，欢迎你们常回家看看！

"浩渺行无极，扬帆但信风。"祝福大家鲲鹏展翅、一翼千里，乘风而起、破浪前行！

（作者系深圳职业技术学院院长）

　　"青春须早为，岂能长少年"，希望你们珍惜时光、不懈奋斗，以一颗赤子之心为祖国、为民族、为人民贡献出自己的青春力量，书写宁夏职业技术学院学子的青春华章！

行者方致远　奋斗路正长

刘　炜

　　仲夏将至，美好即临。今天，我们在这里欢聚一堂，共同见证和分享 2018 级 1804 名同学迎接人生新阶段的兴奋与喜悦。三年前，懵懂的你们怀着对未知生活的渴望和期盼从四面八方汇聚到宁夏职业技术学院，在这里生活、学习，进步、成长。同样的时间起点，我也怀揣着对职业教育高质量发展的热情来到这里，成为你们的院长。三年的时间里看着你们不断破茧成蝶、蜕变新生，作为院长特别欣慰。

　　毕业送行的心情十分复杂，有各得其所的欣慰，也有依依不舍的情谊；有学生出师的喜悦，也有老师桃李不言下自成蹊的获得；有儿行千里的担忧，也有部队出征的激昂。回想你们从初入校门，到今天满载收获，美丽的校园留下了你们辛勤的汗水、坚实的脚印、成长的经历，你们就像一颗颗种子，在学校生根发芽，茁壮成长，今天即将带着满怀的豪情出发，奔向充满希望的未来。

与往届的学长们相比，你们在校三年的经历更加丰富精彩。你们一起见证了学校从"国家示范校"到"国家优质校"，再到成功挺进全国56所"双高校"建设单位之列、成为宁夏职业教育名副其实的"No.1"的华丽蜕变；你们共同经历了宁夏职业技术学院建校70周年、宁夏广播电视大学成立40周年的庆祝活动，共享了学校辉煌办学历程凝结硕果的喜悦；你们与全区3万名电大学子一起亲历了宁夏广播电视大学更名建设宁夏开放大学的光辉时刻，实现了几代师生员工的美好夙愿；你们面对突如其来的新冠肺炎疫情，自觉服从学校安排，坚持居家抗疫、线上学习，很多同学更是冲在抗疫一线、勇敢树立起志愿者的旗帜，积极传递正能量。细数三年来这些不平凡的历程，我们看到的是国家蒸蒸日上和繁荣富强，看到的是学校日益精进和蓬勃发展，而学校发展收获的一切成绩，你们既是参与者，亦是见证者，大家应当坚定且自信地收下这份荣耀，并使之成为宁夏职业技术学院学子一生珍藏的难忘回忆。

2021年，恰逢中国共产党成立100周年，我们的国家进入"十四五"规划的起航阶段，这一年不仅是你们人生道路的转折点，也是学校开启跨越式发展新征程的转折点，伴随着学校争创本科层次职业教育的全面起航，你们也会与学校一起成长，在新的人生舞台绽放光彩。在中华传统文化中，"100"象征着圆满，也寄托着希望。作为亲历"两个一百年"交汇的新时代毕业生，你们承载着特殊的历史使命和光荣的时代使命。今天走出校门，并不是你们学业生涯的终点，而应该是你们践行终身学习理念，不断提升自我，迈向人生大舞台、开启职业生涯的新起点，今天是桃李芬芳，明天是社会栋梁。呈现在你们面前的既有良好的发展机遇，又有严峻的挑战。作为院长，我再叮嘱几句，以表达对你们的殷切期盼和美好祝愿。

其一，希望你们立大志，以信仰领航。理想是人生的灯塔，信念是前行的航标。青年，要立志，要立鸿鹄志。我们所处的新时代，是近代以来中华民族发展的最好时代，是世界处于百年未有之大变局的时代。同学们应当明白，你们最牛的背景，就是今天的中国。人立国，青年争而上；而国立人，青年享其光。正如崔卫平教授所言："你所站立的地方，就是你的中国；你怎么样，中国便怎么样；你是什么，中国便是什么；你有光明，中国便不会黑暗。"历史的机遇，注定未来的你们将是实现"两个一百年"目标的中坚力量，注定给予你们每一个人广阔的天空和足够的机会去播种理想。历史和现实都告诉我们，青年一代有理想、有担当，国家就有前途，民族就有希望，中国梦终将在广大青年的接力奋斗中变为现实。习近平总书记在视察清华大学时强调，"广大青年要爱国爱民，不断增强做中国人的志气、骨气、底气，树立为祖国为人民永久奋斗、赤诚奉献的坚定理想"。爱国，是人世间最深沉、最持久的情感。同学们，你们是肩负着民族复兴重任的"强国一代"，你们一定要坚定理想信念，勇敢地肩负起时代赋予的光荣使命，将个人命运与国家和民族命运紧密联系在一起，把个人的梦想融入国家和民族的发展，胸怀忧国忧民之心，培养爱国之情、砥砺强国之志、实践报国之行，为中华民族复兴铺路架桥，为建设现代化强国添砖加瓦，让爱国主义的伟大旗帜始终在心中高高飘扬，为自己的人生领航。

其二，希望你们明大德，以德行立身。人无德不立，国无德不兴。习近平总书记曾言："青年要把正确的道德认知、自觉的道德养成、积极的道德实践紧密结合起来，不断修身立德，打牢道德根基，在人生道路上走得更正、走得更远。"同学们要自觉树立和践行社会主义核心价值观，自觉用中华优秀传统文化、革命文化、社会主义先进文化启智润心，善于从中华民族传统美德中汲取道德滋养，从英雄人物和时代楷模的身上感受道德风范，从自身内省中提升道德修为，追求更有高度、更有境界、更有品位的人生。希望你们能够常怀感恩之心生活，时刻感念伟大中国人民共同创造的美好时代、感念新时代的社会生活给予你们的丝丝温暖、感谢学校师长对你们的悉心栽培、感谢父母亲朋给予你们的关爱与帮助，这些心念会助你们羽翼渐丰、振翅高飞。希望你们能够艰苦朴素地生活，在当今这个物欲横流的时代，许多人还在苦苦寻找迷失的幸福，无数和你们一样的青年喜欢用"囧"形容自己的处境。但是同学们应当明白，快乐与金钱和物质并无必然关系，温馨的家、简单的衣着、健康的饮食，就是乐之所在。漫无止境地追求奢华，远不如俭朴生活能给我们带来幸福和快乐。希望你们能够高尚自强地生活，与我们这一代人相比，你们这一代人的社会化远在你们踏上社会之前就已经开始了，国家的盛世繁华集中在你们的大学时代，但社会的问题也凸显在你们的青春岁月。你们有我们不曾拥有的机遇，也有我们不曾经历的挑战。我真心希望同学们不要因为国家发展过程中必然出现的不良社会现象，影响你们的意志和信仰，不要世故、不要配合、不要随波逐流。同学们务必要庄敬自强，公平待人，不可欺侮弱势之人，也不可做损及他人之事。谦卑自省地生活，方知天外有天、人外有人，以谦卑之心待人、以自省之态待己，并不意味着卑躬屈膝、丧失尊严。一个谦卑的人并不固执己见，而是会虚怀若谷地聆听他人的言论。伟大的人物也不整天仰望山巅，他亦会蹲下来为他的弟兄濯足。因此，同学们一定要有服务他人的谦卑心怀，时刻不忘为国家、为社会以至为全人类出力。你们要时刻自警自省，在持续补齐短板超越自我的历程中，敢于挑战、勇于质疑，以"敢为天下先"的魄力去创造属于你们青年一代的中国传奇。

其三，希望你们成大才，以技能报国。当前，从"互联网+"到"大众创业、万众创新"的理念更迭，从"一带一路"到亚投行全方位融入的战略布局，从"中国制造2025"到中国版"工业4.0"的高科技战略计划，新一轮科技和产业革命蓄势待发。习近平总书记多次强调，我国经济要靠实体经济做支撑，这就需要大量专业技术人才，需要大批大国工匠。目前，我国已建成世界上规模最大的职业教育体系，"职教二十条"的发布和全国职业教育大会的召开，进一步明确了职业教育类型教育的重要地位，职业教育前景广阔、大有可为。广大职教学子在服务民生发展、助推产业升级、助力乡村振兴等方面日益发挥着重要作用。你们每一个人都有机会书写自己"技能改变人生"的精彩故事。不管你们曾经在学校的表现是优秀抑或不足，面对快速发展和飞速变革的新时代，今天都是一个崭新的起点，一切从头开始，青春无限好，奋斗正当时。侯德榜先生是我国著名化工学家，创立了中国人自己的制碱工艺——侯氏制碱法，打破了欧美70年对我国的技术封锁。他曾说："我一向是怀着生命不息、奋斗不止的纯真感情，追逐着一切能发挥自己作用的机会，坚持从我做起，从点滴做起，并把勤奋拼搏作为我一生的座右铭。"正如校歌中所描述的一样，"匠心筑梦、传承守望，技能报国、使命担当"。同学们应当时刻铭记职教学子"技能报国"的初心使命，脚踏实地、勤勤恳恳、精益求精，对自己的工作、对自己的职业始终抱有一种尽职尽责、追求完美、不断超越、永不满足的工作态度和价值认识，始终保持一种积极乐观、健康向上的人生态度和精神品质，将工匠精神渗透到工作生活的方方面面，立志成为大国工匠，走好技能成才、技能报国之路。

其四，希望你们担大任，以实干筑梦。同学们，完美明确的人生目标定位，需要主动作为，付出脚踏实地的努力。主动作为，就要真抓实干、做实干者。面对大是大非敢于亮剑，面对矛盾敢于迎难而上，面对危机敢于挺身而出，面对失误敢于承担责任，面对歪风邪气敢于坚决斗争，做疾风劲草、当烈火真金。同学们步入社会后，无论在什么岗位工作，千万不能心浮气躁，要稳得住、沉得下，在难事急事的经历中经受捶打，把火热的实践作为最好的课堂，学到真本领，练就真功夫。主动作为，就要敢于负责、做担当者。能否敢于负责、勇于担当，最能看出一个人的品格和作风。实践告诉我们，有多大担当才能干多大事业，尽多大责任才会有多大成就。刚才，我从几位毕业生代表的发言中看到了大家自强自立的精神之光，听到了你们渴望成为社会栋梁的澎湃初心。同学们一定要记住，越是艰险越向前，越要用知重负重、攻坚克难的实际行动，在社会中诠释出宁职学子们的自强精神和栋梁初心。主动作为，就要脚踏实地、做创新者。同学们要甘于从基层岗位或基础性工作做起，具体工作往往是不起眼的，甚至是琐碎的，而且可能碰到预想之外的情况和困难，对此必须有思想准备，保持良好的心态，善于从小事做起，不断学习和实践，持续积累和提高。"沧海横流方显英雄本色"。进入新时代，我们的生活条件好了，但时代的发展进步让知识更新不断加快，社会分工日益细化，新技术新模式新业态层出不穷。这既为你们施展才华、竞展风采提供了广阔舞台，也对你们的创新能力提出了新的更高要求。你们一定要保持勇于创新的时代精神，深刻理解把握时代潮流和国家需要，使自己的思维视野、思想观念、认识水平跟上越来越快的时代发展，信心满怀地投身于中国特色社会主义伟大事业，以聪明才智贡献国家，以开拓进取服务社会，实现自己的人生理想。

毕业证书是学校授予你们的最高荣誉，是学校对你们无言的期待。希望这沉甸甸的毕业证书能够成为联系你们与学校的一道彩虹，成为托举你们振翅高飞的浩荡长风。希望大家持续关注母校的发展，老师和母校将永远牵挂着你们，并永远对你们敞开着家门。你们要记住，母校是你们强大的后盾，也是你们永远的港湾，即使相隔千里，我们仍然会一如既往地关注你们、支持你们，永远和你们在一起。同学们，"青春须早为，岂能长少年"，希望你们珍惜时光、不懈奋斗，以一颗赤子之心为祖国、为民族、为人民贡献出自己的青春力量，书写宁夏职业技术学院学子的青春华章！

祝愿同学们前程似锦，鹏程万里，在自己的人生舞台上演绎更加绚烂的华美篇章！

（作者系宁夏职业技术学院院长）

　　站在实现"两个一百年"奋斗目标的历史交汇点上，面对中华民族伟大复兴的战略全局和世界百年未有之大变局，同学们是幸运的！身处这个伟大的时代，衷心希望同学们成为时代的弄潮儿，为美好生活而不断奋进、开拓和奉献。

以奋斗之姿书写青春华章

周柏林

　　一年一度的毕业季应约而至，四季轮转，长河不歇，湖南水利水电职业技术学院见证了你们的青春与梦想。今天，2488 名同学圆满结束了在学校的求学生涯，即将开启人生新的征程。这是一个值得庆贺的日子，也是一个难忘的日子。

　　从入学到毕业，同学们从德、智、体、美、劳各方面不断突破自己、提升自己、发展自己，在校园活动中收获了纯真的友谊，在实践实训中习得了高超的技能。2021 届毕业生，依旧承袭了校友们立志向上的精神。你们当中，有 138 人光荣加入中国共产党；在各项技能竞赛中崭露头角，获得省部级竞赛一等奖 13 人次，二等奖 39 人次，三等奖 36 人次；530 人获得职业技能证书；7

人获国家奖学金，278 人获国家励志奖学金；技能抽查通过率达 100％。

回忆大学几年的匆匆时光，你还记得与你在技能竞赛场上秀出风采的同窗"战友"吗？你还记得那些让你笑过、哭过的校园活动吗？你们在各级技能大赛、主题演讲比赛、创新创业大赛等赛场上佳绩频出，光彩熠熠；你们在篮球赛、足球场上奋力拼搏，赢得阵阵喝彩；你们在公益活动中用情用心帮助和服务他人；你们在 40 周年校庆的舞台、迎新晚会、文艺活动中激情吟唱、翩翩起舞，展现你们的花样年华；你们在社团实践中激扬青春，创意无限；你们与室友一同熬夜、为谁去关灯而拌嘴，为提前到教室抢占最有利的座位而高兴；你们还会偷偷在老师办公桌上留下你们的祝福与感谢……无数美好的瞬间拼出你们的校园故事。这些故事是你们的青春，也是学校的青春。

我们的杰出校友赵建成、陈志东去年在全国脱贫攻坚总结表彰大会上，被授予"全国脱贫攻坚先进个人"称号。赵建成驻派和谐村帮扶近六年，带领村民脱贫致富奔小康。两次即将调离时，村民们按下红手印，向组织部写信请求将他留下来。陈志东在桂东县担任扶贫办主任，每日休息时间不超过五小时，是无数扶贫工作者中一道亮丽的风景线。大家可能知道，这两位校友属于同一个班级，但大家可能还不知道，陈志东在校学习时那一手漂亮潇洒的毛笔字至今仍让老师们津津乐道。说起赵建成，很多教过他的老师仍印象深刻。

优秀也是一种习惯，你们的学长、学姐为你们做出了很好的榜样！从今天起,你们将从象牙塔走向社会。"年年后浪推前浪,江草江花处处鲜""青年兴则国家兴，青年强则国家强"，未来是属于你们的。鲁迅先生曾说："无穷的远方，无数的人们，都和我相关。"人的一生或轻于鸿毛，或重于泰山。生逢盛世，肩负时代重任时行胜于言，你们必须接好新时代革命建设的接力棒，将小我融入国家民族乃至全人类的大我，在真刀真枪的实干中成就一番事业。

你们要心怀"国之大者"，厚植家国情怀。爱国主义是中华民族精神的核心。习近平总书记指出："一个人不爱国，甚至欺骗祖国、背叛祖国，那在自己的国家、在世界上都是很丢脸的，也是没有立足之地的。"有国才有家，我们的前途与命运与国家紧密相连。脚下土地有温度，要俯下身来，丈量家园，将青春、才华、热情投入"第二个一百年"奋斗目标建设的历史伟业中。

你们要肩负时代使命，敢于担当作为。无论是苍茫豪迈的西部，还是山清水秀的原野，建设之力不分高低贵贱，年轻人要"自找苦吃"，去祖国建设的第一线磨炼、去"接地气"，在实践中锻炼提高分析问题和解决问题的能力，肩负起历史使命与时代责任，努力成为新时代的有为青年。

95 后的邹彬，从普通泥瓦匠一步步走上全国人大代表的通道，由农民工成长为在世界技能大赛上摘金夺银、为国争光的技术能手，他一直用心对待"砌墙"这件事，砌不好推倒再来。正是这种追求极致的态度，成就了一位"大国工匠"。

你们要不失赤子之心，将奋斗与学习贯穿一生。人生的道路很长，但最紧要的只有几步。唯有坚守内心的价值，在实现理想的道路上笃定前行，才能成为笑到最后、笑得最好的那一个人。"风物长宜放眼量。"人这一生萎靡颓废也是过，立志奋斗也是过，何不选择一种更积极向上的生活呢？

我想说的是，离开学校，社会就是你们的学校。你们一定要拿出孜孜以求的态度，在工作中学习，在学习中进步，把工作做得更好，把生活过得更好。"做完"简单，"做好"却很难，不要做"差不多先生"，要与最优秀的人比武，当别人迷失于眼前的苟且之时，自己仍然向往诗与远方。

你们要秉持"上善若水、求真致远"的校训，以水为师。水纯净透彻，光明磊落，不拘江河溪流，包容万象。水至柔，却能滴水穿石！水至弱，却能水流成渠！这是水的智慧。老子说，水有七德："居，善地；心，善渊；与，善仁；言，善信；政，善治；事，善能；动，善时。"意思是讲，居住，我们要像水一样，选择深渊、大谷、海洋这些艰苦而低下的地方；心胸，我们要像大海一样宽阔、沉静而深邃；待人，我们要像水一样善利万物，仁义、真诚、包容、甘于奉献；说话，我们要像水一样诚实而恪守信用；为政，我们要像水一样清正廉洁，把国家治理得井井有条；做事，我们要像水一样，尽自己最大的能力去做善利万物的事；行动，我们要像"好雨知时节"一样把握时机。

一生之中，困难与好运轮番来临，得到与失去都会亲身经历。"水利万物而不争"，希望你们以"上善若水"为人生方向标，持有一颗平常心，不计较一时的得失，定能获得宁静与达观，收获内心的自由。以求胜之诚完善人格。希望你们发扬"水滴石穿"的精神，在人生路上咬定自己的目标不放松，即使如蹈水火，也要日复一日、年复一年，定能成就自我。希望你们拥有"海纳百川"之胸怀，做人做事不能"势如水火"，而应心智豁达，积累经验和人脉，定能成就"大器"。希望你们操守"水洁冰清"之气节，社会是个大熔炉，做人做事要守法清廉，交友要慎重，事业才能顺风顺水。希望你们懂得"如鱼似水"的道理，万事万物以和谐为宜，建立美满的家庭、和谐的社会关系，生活才能幸福。希望你们"饮水思源"，对党、国家、父母、老师和学校心怀感恩，不忘来时路，永葆赤子初心，用"忠诚干净担当、科学求实创新"的新时代水利精神激励自己、鞭策自己。

再过六天，中国共产党将迎来百年华诞。站在实现"两个一百年"奋斗目标的历史交汇点上，面对中华民族伟大复兴的战略全局和世界百年未有之大变局，同学们是幸运的！身处这个伟大的时代，衷心希望同学们成为时代的弄潮儿，为美好生活而不断奋进、开拓和奉献。老师们期盼着早日听到你们传回的捷报！学弟学妹们期待着各位续写更多水院学子的传奇！

祝同学们前程似锦，幸福一生！同学们，学校不会忘记你们，学校永远是你们的家！欢迎大家常回家看看！

（作者系湖南水利水电职业技术学院院长）

用激情和理想去追梦，用奋斗和奉献去圆梦，
以社会主义建设者和接班人的使命担当，让青春
在为祖国、为民族、为人民、为人类的不懈奋斗
中绽放绚丽之花，让中华民族伟大复兴在我们的
奋斗中梦想成真。

在奋斗中绽放青春之花

李登万

今天，是一个特别值得铭记的日子。我谨代表学校
向 4000 余名顺利毕业的同学表示热烈的祝贺。

三年来，美丽的校园留下了你们勤奋学习、刻苦钻
研的忙碌身影，也记录着你们丰富多彩、青春勃发的精
彩故事。今天，大家将离开学习生活了三载春秋的菁菁
校园，告别朝夕相伴了 1000 多个日日夜夜的老师和同学，
开始探索更加广阔的天地，开始人生更加重要的选择。
你们用勤奋和激情书写了奋进的学习时光，用梦想和坚
持锻造了辉煌的青春岁月，我为你们的成长、成才由衷
地感到高兴和喜悦。

过去的三年里，学校见证了你们最美好的青春时光。
你们当中有 280 名同学光荣地加入了中国共产党，407

名同学获得国家奖学金和励志奖学金，176 名同学荣获"四川省优秀毕业生"称号，983 余名同学将升入本科学校继续深造，4361 名同学将奔赴全国各地，投身社会主义现代化建设的各行各业。

过去的三年里，你们也参与、见证了学校的发展和进步。今天，我很欣慰、很自豪地告诉大家，我们始终秉承"科学民主、求实创新"的校训和"立德树人、精益求精"的优良校风，始终以立德树人为根本任务，坚持"产教融合、校企合作、工学结合、知行合一"的办学方针，努力为每一位学生求知治学、提高技能、全面发展铺设了广阔的道路；我们紧紧围绕成渝地区双城经济圈建设、制造强国、"一带一路"倡议等，坚定不移服务国家战略和经济社会发展，坚定不移走产学研一体化道路，学校发展取得了突破性的成就。2018 年，学校在中国高职高专院校竞争力排行中位居全国第一阵营，四川省排名第 1 位；2019 年，学校的办学和人才培养案例，入选庆祝中华人民共和国成立 70 周年大型成就展；2019 年 12 月，学校被教育部确定为全国 56 所、四川唯一的"中国特色高水平高职学校"建设单位。在这份永远载入学校史册的沉甸甸的荣誉里，凝聚着同学们的努力和付出，满含着大家的艰辛和汗水。这份珍贵的青春记忆，就是母校馈赠给每一位同学的离别礼物，伴随你们更加自信、更加从容地迈向社会。

今天是你们人生新的起点，在临别之际，我想把内心里最真诚的希望和祝福送给大家。

一是，希望同学们要感党恩、听党话，永远跟党走。恰逢中国共产党成立 100 周年，100 年来，中国共产党带领中国人民取得了举世瞩目的辉煌成就，在这样一个时刻毕业，同学们肩上的使命尤其光荣，也尤其艰巨。青春逢盛世，奋斗正当时。愿大家勇担使命，不懈奋斗，不辱使命，为祖国繁荣昌盛民族兴旺发达做出应有的贡献。

二是，希望同学们要志存高远，勇担时代责任。习近平总书记在党的十九大报告中指出，"青年兴则国家兴，青年强则国家强""青年一代有理想、有本领、有担当，国家就有前途，民族就有希望"。习近平总书记强调，当代青年是同新时代共同前进的一代，广大青年既拥有广阔发展空间，也承载着伟大时代使命，每一个青年都应该成为社会主义建设者和接班人，不辱时代使命，不负人民期望。同学们生逢其时，也重任在肩，希望你们能够牢记总书记的嘱托，与时代同心同向同行，把自己的理想同祖国的前途、把自己的人生同民族的命运、把自身的发展同国家的需求紧密联系在一起，以时不我待、只争朝夕的精神状态，在适应社会的需求中锤炼自我，在服务社会的过程中发展自我，在回报社会的过程中提升自我，在实现中国梦的伟大实践中创造自己的精彩人生。

三是，希望同学们要艰苦奋斗，成就精彩人生。一代人有一代人的青春，没有哪一代人的青春之路是一帆风顺的，青春的底色永远离不开"奋斗"两个字。正如习近平总书记教诲我们，"现在，青春是用来奋斗的；将来，青春是用来回忆的""奋斗本身就是一种幸福，只有奋斗的人生才称得上幸福的人生"。今日之中国，遇上了最好的时代，也面临着重重困难和挑战。大家一定要树立脚踏实地、爱岗敬业的思想，要有面对困难和挫折的勇气，学会在艰难困苦中磨炼身心，努力在苦干实干中创造未来。扎根一线创业、立足岗位建功，从最基层、最艰苦的地方做起，拒绝急功近利的浮躁和诱惑，保持乐观向上的精神状态，努力成为有理想、有学问、有才干的实干家。以青春之我、奋斗之我，为民族复兴铺路架桥，为祖国建设添砖加瓦。

今天你们毕业了，希望你们能带着自己的初心，走最远的路，做最好的自己，过有意义的人生。当代青年生逢其时、重任在肩、使命崇高、大有可为。希望大家积极投身到爱国兴邦的宏伟大业中，投身到爱岗敬业的生动实践中，努力成为堪当民族复兴重任的时代新人，用激情和理想去追梦，用奋斗和奉献去圆梦，以社会主义建设者和接班人的使命担当，让青春在为祖国、为民族、为人民、为人类的不懈奋斗中绽放绚丽之花，让中华民族伟大复兴在我们的奋斗中梦想成真。

今天是一个让人眷恋的日子。我希望你们记住，四川工程职业技术学院永远是你们温暖的家！无论近在咫尺，还是远在天涯，母校都在注视着你们，牵挂着你们，陪伴着你们，祝福着你们。祝福你们：胸怀千秋伟业不负百年华章，奋进全新征程奔赴星辰大海！

（作者系四川工程职业技术学院党委书记）

人生既要感受马蹄声碎、喇叭声咽的壮丽，也要欣赏苍山如海、残阳如血的豪迈，希望你们用奋战娄山关、翻越腊子口、迈步新长征的精神激励自己，希望你们在走过乌蒙磅礴、遇见金沙水拍的时候，保持自信从容、期待三军开颜，致敬最好的自己。

在奋斗中致敬最好的自己

李 凌

彩虹校园，百卉千葩。唯美的盛夏总是散发青春的诗意，青葱的校园总会留下难舍的记忆。此时此刻，校园的绣球花为你们开了，梧桐树为你们绿了，四季杜鹃、最美凌霄、清香芍药都为你们尽情地笑了。香樟树的浓荫还想为你遮风挡雨，挺拔的银杏树下有你矫健的身影，温馨的餐厅里，羊肉粉、豆花面、小笼包、铁板烧的味道还在你的味蕾里回荡。静谧的图书馆、明亮的教室、实习的工坊，都刻下了你们认真的模样。弥漫着脚臭、汗味、花露水、洗发香等"五味俱全"但无比暖心的寝室，此刻也总想再多躺一会儿。上课的点名、老师的唠叨，此刻将变成永久的珍藏。同学互道"珍重"、母校殷切祝福，此刻都将变成诗的海洋。六月毕业季，充满激情、令人兴奋，但也让人留恋、无限回望。

今天，是 626（6 月 26 日），一个"6"，代表你们从学校顺利毕业；另一个"6"，祝福你们踏上社会征程，踏出六六大顺。这是值得纪念的日子，是令人兴奋和难忘的日子。我们隆重举办这场青春盛会，为 2021 届 2971 名彩虹"榛子"举行"毕业出发"典礼，祝福你们向着快乐一路出发！

百年一遇，百世不易。还有 4 天，我们将迎来中国共产党成立 100 周年的伟大时刻。我们要致敬自己生在了一个伟大的时代，过上了幸福的生活。从 1921 年到 2021 年，两个数字串联了 100 年的时代记忆，从开天辟地到改天换地，从翻天覆地到惊天动地，党和国家的面貌、人民和军队的面貌、中华民族的面貌都发生了前所未有的沧桑巨变，这些变化既影响了中国，也影响了世界。中国人民迎来了从站起来、富起来到强起来的伟大飞跃，中国正在走向世界舞台的中央，中国方案、中国速度、中国力量正在成为世界共识，迎来了实现中华民族伟大复兴的光明前景。今日盛世，如伟人所愿，我们为自己是中国人而感到骄傲和自豪。

看历史就会看到前途。在这个美好的国度和优越的制度中重温党史，你会更加明白中国共产党为什么"能"、马克思主义为什么"行"、中国特色社会主义为什么"好"，从新冠肺炎的美国之乱、中国之治，从"蛟龙"潜海到"天和"核心舱，从"祝融号"火星车成功驶向火星表面、"神舟十二号"顺利升空，从脱贫攻坚取得决定性胜利和全面建成小康社会，你可以骄傲地对全世界说："此生无悔入华夏，生在中国好幸福。"

致敬最好的自己，告别所有的过往，开始全新的旅程。难忘毕业季，相逢又分手。世界上最难得的，不是放下，而是重新开始。你们从五湖四海来到学校，三年同窗、千个昼夜，今天又将各自分别、天涯再会。我提议，现在用最宝贵的一分钟与你的左邻右舍热情拥抱、互道"珍重"、彼此谢谢！在这里，我代表全体教职员工真诚地向你们说一声"谢谢"：感谢你们三年前选择了遵义职业技术学院，在最美的年华度过了你们最美的大学时光；感谢你们三年来的拼搏努力，为学校争得了不少荣誉奖项；我还要特别感谢你们的父母、家人对学校工作的支持、理解，共同为你们的成长成才付出了辛勤努力。

津津有味才叫生活，情趣满满才叫人生。把每一件简单的事做好就是不简单，把每一件平凡的事做好就是不平凡。没有哪一个港湾可以永远停留。三年来，我和全体老师、宿管阿姨、保安大哥、清洁大婶、后勤工友，见证了你们努力拼搏的青春模样，见证了你们在抗疫战斗中让我们感动流泪的坚强勇敢，见证了你们从入校时的羞涩胆怯到毕业时的落落大方，把技术技能装进了奋斗的行囊，也见证了你们分分合合、吵吵闹闹的青涩爱情，也看到了情窦未开的她和心存暗恋的你，更多的是技术技能的收获和同窗友谊的增长。未来，我们还将共同见证你们一往无前、披荆斩棘的成功喜悦。我提议，请同学们用最真诚的掌声向为你们成长成才付出努力的所有人表达最真诚的感谢。

作为党委书记，每一次的送别对我来说除了百结惆怅、难分难舍，更多的就是牵肠挂肚、念念不忘。百结惆怅、难分难舍的，是和你们朝夕相处结下的师生情谊；牵肠挂肚、念念不忘的，是你们稚嫩的肩膀能否肩负起未来的重任。我知道，最近几天你们都忙于拍毕业照、吃"散伙饭"，忙于到一食堂吃木桶饭，到二食堂干一顿转转火锅，忙于逛林达美食街、遵义捞沙巷，到天鹅湖吹吹清凉夏风、看看云卷云舒，到足球场平躺一下、仰望星空看一看那颗最亮的星星，到知行楼前赛歌台唱一唱《没有共产党就没有新中国》《七律·长征》《唱支山歌给党听》……当然，也默默在吟唱"爱你在心口难开，怎么对我不理睬"。所有这些都将伴随着你们的毕业，成为你们最美的回忆。你们也将从此成为遵义职业技术学院近5万名校友中的青春一员。

此时此刻，除了提醒你们收拾好毕业行囊，取好大门口的最后一次包裹，改好你们一直默认的收货地址，看好自己的高铁检票时间外，我还想把《我爱你不问归期》这首歌中的几句歌词献给大家："我爱你，就像风走了千万里从不问归期，像太阳，升了落去无论朝夕；我爱你，就像云飘了千万里都不曾歇息，像白雪，肆虐大地茫茫无际；我爱你，就像飞蛾扑火那样的无所畏惧，像故时，黄花堆积风吹不去；我爱你，就像江水连绵不绝永不会停息，像荒原，野草重生燃之不尽。"孩子们，春风十里不如有你，往后余生，风里雨里我们都在母校等你们，欢迎你们常回家看看。

在这彼此祝福的高光时刻，我想把这三句话送给 2021 届最可爱、最青春、最靓丽、最牵挂的你们。

第一句话：百折不挠，万事大吉，百炼成钢，致敬奋进的自己。今年是中国共产党成立 100 周年，一个 50 多人的小党发展到拥有 9100 多万人的全世界最大的无产阶级执政党，这是用鲜血、汗水、泪水、勇气、智慧、力量写就的光辉百年。理想信念是永不熄灭的灯塔，披荆斩棘是砥砺前行的航标，挫折后的奋起、探索中的收获，无一不彰显着创业艰辛和苦难辉煌。人生也是如此，踏入社会的旅途注定没有一帆风顺，但一旦确定目标，就不要轻易改变和放弃。阳光总在风雨后，历尽千帆才成功。毕业意味着人生梦想的开启，未来的日子，无论顺境还是逆境、贫穷还是富贵、得意还是失意，我都希望你们坚守最初的梦想一直走下去，百川归海、大浪淘沙。世上无难事，只要肯登攀，我相信你们都是事业出彩的行家里手、幸福生活的快乐天使。

第二句话：行百里者半九十，前行路上多读书。读书是一生的修行。天下第一好事就是读书。有句话一直不过时：要么读书，要么旅行，身体和灵魂，总有一个在路上。读书就是人生最浪漫的旅行，既能让你"远赴人间惊鸿宴，一睹人间盛世颜"，又能让你"为有牺牲多壮志，敢教日月换新天"。一个人的底气，就藏在他读过的书里。人生需要读好两本书，一是有字之书，二是无字之书。未来的日子，希望你们读好这两本人生丛书。请你们记住：你读的每一本书、走的每一步路，未来都会算数。愿你们在万里鹏程中"举止言行皆儒雅，腹有诗书气自华"。高超的技术、熟练的技能、工匠的精神，就是读好这两本书的最好回答。

虽然岁月静好，但仍需负重前行。仰望星空，我是一颗微尘，却也有阳光的身影；亲吻大地，我是一棵小草，春生夏长，也可以展示生命的奇迹，有梦想谁都了不起。

第三句话：一日不作一日不食，不唯学历凭能力。万丈高楼平地起，辉煌只能靠自己。希望你们不要心念"葛优瘫"，向往慢就业，要只争朝夕去就业，不嫌脏苦乐就业，出了校门快就业。职业本无贵贱分，就业才是硬道理。万金在手不如一技相伴。《射雕英雄传》中，郭靖最初的武艺师从普通教师，虽非高大上，却朴实管用，一生勤修苦练最后成为大侠英雄；杨康、欧阳克师出名家、出身科班，起点高、基础好、形象好，最后却输给了郭大侠，无论是德行还是武艺。我们要做勤奋努力的郭靖，不要做骄纵自满的杨康，更不要做悲剧收场的欧阳克。三百六十行，行行出状元。劳动之苦亦是生活之歌，劳动之果会换来青春无悔、人生陶醉。就业优先、劳动光荣、技能宝贵、创造伟大、天生我材。天下武功唯快不破，慢就要挨打，慢就要落后，就要失去先机，希望你们不当啃老族，不恋慢就业，敬业创业不负自己，热爱劳动养活自己，感恩父母成就自己。不等待从天而降的馅饼，不观望雾里看花的朦胧，不彷徨纷繁复杂的生活，不排斥累并快乐的岗位，不求高大上但求用得上，不求行业白富美，不羡岗位高富帅，只愿就业早实现。把大目标分成小目标，以优秀自律、创业优先、实干第一、积微成著、慎终如始，跑出青春"加速度"，燃烧青春"卡路里"，成为青春"硬汉子"，唱出成功"好赞歌"。

生活需要雄关漫道，未来总是从头再越。没有当年的万里长征，便没有今天的幸福生活。"革命理想高于天"的革命英雄主义，就是"敢教日月换新天"的精神追求；"万水千山只等闲"的革命浪漫主义，就是"三军过后尽开颜"的信心所在。人生既要感受马蹄声碎、喇叭声咽的壮丽，也要欣赏苍山如海、残阳如血的豪迈，希望你们用奋战娄山关、翻越腊子口、迈步新长征的精神激励自己，希望你们在走过乌蒙磅礴、遇见金沙水拍的时候，保持自信从容、期待三军开颜，致敬最好的自己。

遥远不远，未来已来；你若安好，我便心安。往后余生，祝你们一路风景、前程似锦！愿你们青春永驻、笑靥如花、一生芳华！

现在我宣布：2021届毕业生毕业礼成！

再见了，同学们！

（作者系遵义职业技术学院党委书记）

第四章

梦　想

学校与你的深情已永恒定格！未来发展中，学校的自信，不在别处，就在你们坚定前行的步伐里；学校的担当，不在别处，就在你们爱国报国的奉献里；学校的荣光，不在别处，就在你们成长进步的捷报里！

知行合一　坚定前行

范勇毅

所有的美好，都是恰逢其时。一年一度的毕业季又如期而至。伴随着 2020 年学院 7 个教学系、部，1600 名同学搬迁到新址，开启新校园新生活，乌察路 160 号——这个被我们亲切地称为老校区的校园，以及即将在老校区举行的毕业典礼变得令人格外期待，格外留恋。不仅因为这里有杨柳吐翠、鲜花盛开的美丽景色，更是因为这里见证了一代又一代青年人学业有成的骄傲和喜悦。此时此刻，看见踌躇满志的同学们，我由衷地为大家感到高兴！

在中华传统文化中，"100"象征着圆满而又寄托着希望。当历史的车轮来到 2021 年，我们即将迎来中国共产党百年华诞，开启全面建设社会主义现代化国家的新征程。同时，2021年4月，我们又恰逢第一次全国职业教育大会在北京胜利召开，习近平总书记对职业教育工作做出重要指示，为新时代职业教育改革发展指明了前进方向、提供了根本遵循。

作为亲历"两个一百年"交汇和迎来职业教育发展春天的新时代大学生，你们承载着特殊的历史使命和光荣的时代使命。你们既是生逢其时的优秀学习者，在职业教育前途广阔、大有可为的背景下，收获了知识、能力、素质、人格的全面发展；也是引领创新的开拓者、建设者，秉承了兴安职业技术学院"勤勉 励志 求索 笃行"的精神品质，未来即将成为高素质技术技能人才、能工巧匠、大国工匠，为全面建设社会主义现代化国家提供坚实的支撑。从今天开始，你们将从校园走向社会，在年富力强的人生阶段参与"第二个百年"奋斗目标的伟大进程，奋力谱写迈向百年新征程的青春之歌。

春华秋实，岁物丰成。对毕业生来说，未来充满着无限希望，但对含辛茹苦为我们大学生活提供管理和服务的各位教工、各位辅导员，以及传道、授业、解惑的各位老师而言，是花相似、人不同的风景。回首往昔，同学们与学校共同进步、共同成长，见证了万众期待的新校区逐步建成；见证了全校师生在全区技能大赛上斩金夺银，屡获大奖；见证了培训中心培养国家高技能人才、带动扶贫开发脱贫致富；见证了学校招生规模不断扩大，人才培养质量持续增强，招生人数不断扩大，学生规模再创历史新高。在全体师生的亲历参与和大力支持下，已基本形成"一个院系一个行业规范引领、一个专业一家龙头企业衔接、一项技能一个企业师傅带领、一个学生一项特长保障就业"的校企合作、产教融合发展格局，学院已成为推动区域经济提质增效升级的人才支撑基地。

你们是特殊的一届，经历了席卷全球的新冠肺炎疫情，经历了因疫情而必须实行的封闭式校园管理，这些都给我们所有人带来了刻骨铭心的共同记忆。但正是这样的时刻，我们才能更加深切地感受到全球命运共同体的休戚与共；正是这样的时刻，我们才能迅速学会如何应对突如其来的逆境与艰险；也正是这样的时刻，才能凸显我们的使命与担当，更加磨炼我们的意志和力量！滴水汇成江河，学校的一砖一瓦都是心血，一草一木皆是情怀，这一切，都饱含着同学们的辛勤汗水，都凝聚着同学们的奋斗青春，你们在实现自我成长的同时，也助推了学校的发展。

毕业并不意味着学习的结束，而恰恰是新阶段的开始。在这里，我有几点期望与大家共勉。

学史增信，勇于创新。历史不应该是记忆的负担，而应该是理智的启迪。今年以来，学校通过开展多形式的党史学习教育活动，引导大家在党史学习中汲取创新力量。面向新的百年奋斗目标，期待你们以历史眼光、现实需求、未来指向把握新一轮职业教育发展的大势，努力成为有工匠精神的时代青年。

知行合一，勇于担当。学校以立德树人为根本，坚持德技并修、育训结合，培养大家的劳模精神、劳动精神、工匠精神，引导同学们刻苦学习、精进技艺、全面发展。让同学们在脚踏实地和仰望星空中实现成长。面向新的百年奋斗目标，期待你们进一步树立认真做人、勇于担当的价值观，努力成为知行合一、奉献家国的先锋典范。

笃学实干，勇于作为。习近平总书记说，"青年是引风气之先的社会力量""青年一代要敢于做先锋，而不做过客、当看客"。要善读实践之书、社会之书，努力成为胸怀天下、自强不息的卓越人才。面向新的百年奋斗目标，期待你们在开放合作和自立自强中拓展创新格局，不断提升与时代同行的能力本领。

自强自立，勇于奋斗。奋斗是一种精神，是一种信仰，更是一种品德。只有奋斗的人生才称得上幸福的人生。新时代是奋斗者的时代，但奋斗者的人生没有"容易"二字，一分耕耘，一分收获，是对人生最好的诠释。轻舟难渡大海，负重方能远航，希望你们始终把不懈奋斗的品质和意志，作为人生航船上的压舱石，行稳致远，创造精彩未来。

让我再次感谢你们把自己最美好的青春年华镌刻进兴安职业技术学院

的历史，感谢你们为学校精神添加了鲜活的注脚。学校与你的深情已永恒定格！未来发展中，学校的自信，不在别处，就在你们坚定前行的步伐里；学校的担当，不在别处，就在你们爱国报国的奉献里；学校的荣光，不在别处，就在你们成长进步的捷报里！你们是母校最美好的回忆，也会是母校最亮丽的风景！

　　祝你们前程似锦、一帆风顺！也欢迎你们常回来看看！

（作者系兴安职业技术学院院长）

愿你们用"搏击"的姿态、"大我"的情怀、"诗性"的生命，编织岁月繁华。莫愁前程多风雨，锦绣芳华在路上。只有磨砺过的心灵才更坚强，只有奋斗的芳华才配得上锦绣。

星辰大海　逐梦未来

卢坤建

六月是广东轻工职业技术学院最美的时节，这不仅仅是因为正值莲花湖上鲜花绽放，情人湖畔桃李芬芳，更是因为这个时节到处洋溢着莘莘学子收获期的充实、成熟期的洒脱和临飞前的昂扬。

今天我们欢聚，隆重举行广东轻工职业技术学院2021届毕业生线上毕业典礼，共同见证7300余名同学毕业纪念的美好时刻。

斗转星移，日月如梭。伴随着学校事业的蓬勃发展，你们在这里度过了美好的青春时代。从懵懵懂懂的青涩年华到熠熠生辉的自信成熟，有泪水，有微笑，有心酸，有甜蜜，或许还有许多遗憾，还没有一次"说走就走的旅行"，还没有一次"奋不顾身为梦而战的奔跑"，或许还有好多事情没来得及尝试，转眼就要离别。三年里，你们在实训室里刻苦钻研，在技能大赛中沉着睿智，在文化艺术节上挥斥方遒，都成为你们留给母校的美好印记。日晷记录了你们辛勤的汗水，水塔见证了你们奋斗的足迹，你们舞动了一曲曲动感十足的青春旋律，演绎了一支支斗志昂扬的广轻赞歌，学校的每个角落都留下了你们激扬的青春，同时，你们也为学校捧回了一座又一座奖杯，赢得了一项又一项荣誉。

沧海横流，何惧急流勇进。时逢毕业前夕，又赶上第二波新冠肺炎疫情的无情袭击。让我感到欣慰的是，每位同学不仅服从疫情防控大局、全力配合学校的防控要求，还能够临危不惧、镇定自若，主动适应"网络""云端"求职等新变化，在大学阶段的最后一次大考中都经受住了严峻的考验、交出了令人满意的答卷。这段独特的经历必将为同学们的人生画卷添上亮丽的一笔。

再过 10 天就是我们党的百年华诞。在学校党委的坚强领导下，我们打造了一系列发展平台，产生了一系列标志性成果，引领职业教育发展的能力、核心竞争力得到极大提升。2019 年学校成为省属唯一的"双高计划"建设单位，2020 年在三大高职综合竞争力排行榜均居全国前十。这些都离不开全校师生员工和广大校友的共同努力。一分耕耘，一分收获，轻院交通车见证了你们的付出，灯火通明的图书馆见证了你们的成长，各项大赛见证了你们的实力。同学们用实际行动诠释"德能兼备，学以成之"的校训，用多彩的创造深深融入学校发展的历史长廊，栉风沐雨，薪火相传。

每一届毕业生，都有各自难忘的大学经历，但 2021 届毕业生，无疑是最具特殊经历的一届。你们在学校的几年，赶上了国家和学校的一系列重大事件：迎接党的 100 周年华诞，新中国成立 70 周年，改革开放 40 周年，我国全面建成小康社会，等等。我们的祖国比历史上任何时期都更接近中华民族伟大复兴的宏伟目标！我们生逢盛世，当不负盛世。

这是一个创新创造的时代，是一个互联互通的时代，是一个走向共建共享的时代。超越想象、突破边界、颠覆传统；互联网、全球化让我们与社会的关系越来越密切；你们即将走出校园，迈向社会去迎接挑战、搏击风浪，面对工作的压力、成才的希冀和成功的渴望，有人选择自暴自弃，有人选择随波逐流，在"内卷化"日益严重的今天，"躺平"成为一些人的选择。但现实告诉我们，"召唤师峡谷"里没有"躺赢"的未来。你可以暂时歇一歇，但不可以一直"躺平"。

每一代青年都有自己的机遇与使命，都要在自己所处的时代条件下谋划人生、创造未来。习近平总书记在职业教育大会中指出："职业教育前途广阔、大有可为，现代职业教育体系就是要培养更多高素质技术技能人才，培养更多的能工巧匠和大国工匠。"职业教育是培养技术技能人才、促进就业创业创新、推动中国制造和服务上水平的重要基础，我们赶上了职业教育发展的"春天"，我们赶上了好的时代。在此，希望同学们能传承"与时代同呼吸、与民族共命运、谋国家之强盛、求科学之进步"的光荣传统，能拥有"敢为天下先""以天下为己任"的济世情怀，能具备"格物致知，追求真理"的科学精神。在人生筑梦扬帆之际，直面时代、谋划人生、永久奋斗。

筑梦扬帆，搏击风浪，就要有"黄沙百战穿金甲，不破楼兰终不还"的家国情怀。同学们，我们所处的时代，是中华民族发展的最好时代，是实现中华民族伟大复兴的关键时期。今年是中国共产党成立 100 周年，也是"十四五"开局之年。站在"两个一百年"的历史交汇点上，你们将是新的历史集结的中坚力量。从现在到 21 世纪中叶，将是实现"第二个百年"奋斗目标的 30 年，恰是你们大有作为、必有作为的年华，这是何等幸运和荣光！希望同学们肩负中华民族伟大复兴的时代重任，涵养家国情怀，用勇往直前的奋斗，为祖国建设贡献你们的智慧、力量！

筑梦扬帆，搏击风浪，就要有"纸上得来终觉浅，绝知此事要躬行"的踏实态度。国家要发展、民族要振兴。青年一代有理想、有担当，国家和民族就有希望。你们既是追梦人，也是圆梦人。同学们就要离开美丽的广东轻工职业技术学院校园了。无论是继续深造，还是走向工作岗位，大家都要有弘扬劳动精神、工匠精神的责任担当，因为担当是支撑追求诗与远方的底蕴。作为校长，我希望你们脚踏实地，精进技艺，在担当中历练，在尽责中成长，用勤劳的双手和诚实的劳动创造美好生活，奋斗出属于你们的精彩人生！欣慰的是，很多同学在毕业选择过程中，将"青春梦"根植于中国梦，面向生产、面向基层、面向祖国最需要的地方，用实际行动，诠释了自强、敬业、求实、创新。在这里，我为你们点赞！

筑梦扬帆，搏击风浪，就要有"咬定青山不放松，立根原在破岩中"的坚忍毅力。一帆风顺，显示不出水手的坚强；艰难困苦，才是英雄用武的平台。成功的背后，是成千上万次的失败；成功前的无数次实验，毫无结果也是常事。只有屡败屡战，才会看到希望。很多事不是因为看到了希望才去坚持，而是因为坚持才看到希望！同学们，梦在前方，路在脚下，请用坚忍为青春远航不断接力蓄能，未来属于你们！即便山高路陡、滩险水长，只要有坚忍的毅力，就一定能够驶向成功的彼岸！

心怀浪漫宇宙，也要珍惜人间日常。同学们，未来不管遭遇多大的挫折，请你们不要放弃最初的梦想；不管面对多大的考验，请你们不要放弃做人的底线；要洞悉世事，达于情理，不畏浮云遮望眼。老子的《道德经》里提到"上善若水"，面对外部诱惑，要保持定力，明辨是非；拒绝投机取巧、远离自作聪明。请相信，每一份坚持都源于初心不改，每一份责任都来自使命担当。愿你们出走半生，归来依旧是少年。

积一时之跬步，臻千里之遥程。茨威格说过："命运馈赠的礼物，背后都有明码标价。"自我价值的实现有很多种选择，不是每个人都要定"一个亿的小目标"，总有一些人做着平凡的事，让你泪流满面。我希望你们，充满激情而内心理性，敢于挑战而脚踏实地，人生平凡而生活幸福。愿你们自强于心，静水流深。

奔腾澎湃，厚积才能薄发。"要知道，春天的道路依然充满泥泞！"今天在最后一堂课上，让我们共勉。愿你们用"搏击"的姿态、"大我"的情怀、"诗性"的生命，编织岁月繁华。莫愁前程多风雨，锦绣芳华在路上。只有磨砺过的心灵才更坚强，只有奋斗的芳华才配得上锦绣。

　　星辰大海，未来可期，愿你们奔赴山海，不舍爱与自由，虽毕业有期，但广轻与你们的亲情无期！志合者，不以山海为远，无论天南海北，你们是学校永远的牵挂；岁月更迭，广东轻工职业技术学院是你们永远的家！同学们，不论飞得多高多远，记得常回家！

　　　　　　　　　　　　　　　　　　（作者系广东轻工职业技术学院院长）

愿你们在今后的人生道路上，以习近平新时代中国特色社会主义思想为指导，以国家兴亡为己任，坚信你的珍贵，爱你所爱，行你所行，不畏将来，无问西东！

不畏将来　无问西东

陈　超

2021年6月8日，是一个值得同学们永远铭记的日子。今天，大家相聚湘江河畔、云龙之巅，以毕业之名，共赴青春之约！为别样精彩的校园生活画上圆满的句号。

时光荏苒！美好的求学时光瞬间成为难忘的青春回忆。三年前，你们怀着美好的憧憬，踌躇满志步入校园的情景仿佛就在昨天；转瞬，眼前的画面变成了学有所成，手捧毕业证的你们。追忆似水年华，不禁感叹"时间都去哪儿了"。你们在化院的一张张笑脸，一声声呐喊，以及这声像背后的故事，集成了属于你们的校园记忆。

记得刚进校园不久，你们就亲历了学校六十华诞校庆，感受到了杰出校友们对母校的浓浓情谊。在学校承办的全国职业院校技能大赛等各项赛事中，你们的周到热情服务，成为赛事一道道亮丽的风景。

在抗击新冠肺炎疫情中，机器人 1812 班陈研同学、数控 1813 班王俊同学、装备 1811 班周江南同学、造价 1813 班张甘其同学、造价 1813 班段慈娇同学等一大批学生，作为志愿者在抗疫火线上激扬青春力量，以行动书写青春篇章，成为驻守社区和村镇抗疫一线的一颗颗"螺丝钉"，以无私无畏的精神放射出新时代青年大学生的荣光。

这几年，我们一起努力，自强不息，团结奋斗，取得了辉煌成绩，实现了学校从省级卓越高职院校到全国优质高等专科学校和"双高计划"中国特色高水平专业群建设单位的华丽转身，从省级文明高校到省级文明校园的巨大飞跃；收获了全国首批党建工作示范高校从成功立项到合格验收的成功喜悦……

你们当中有化工 1811 班彭蝶等 171 名同学被评为省级优秀毕业生；有精细 1811 班彭玉锋等 16 名同学获国家奖学金，有营销 1814 班张应牵等 213 名同学获国家励志奖学金；有 140 余人次参加省级以上各类竞赛获奖，其中生物制药 1811 班张雨萱、通用软件 1811 班邹雨江荣获 2020 年高教社杯全国大学生数学建模竞赛一等奖。2020 年，高等教育学会发布数据显示：学校学生参加学科竞赛排名全国高职院校第 28 位、湖南省高职院校第 2 位。

在此，我要特别感谢你们，是你们用青春的热情、不懈的努力装点了母校的亮丽。

"什么是母校？"有人说，母校就是那个你一天骂它八遍，却不许别人骂的地方。我听说，有同学吐槽学校叫"湖南停水停电职业技术学院"。的确，由于学校积极响应国家扩招号召，近两年学生人数大幅增长，某些方面确实存在办学条件相对不足的问题，特别是在用水用电高峰期，学生宿舍偶尔会出现停水停电的现象。但是，我们正在努力加快学校基础设施建设，请你们相信，过不了多久，你们的学弟、学妹就会有更好的运动场所、更舒适的生活环境和更优越的学习条件。

"海阔凭鱼跃，天高任鸟飞。"今天，你们将从湖南化工职业技术学院的港湾扬帆起航，驶向属于你们的星辰大海。你们当中有的将进入更高学府学习，向求知殿堂的更高处迈进；有的将穿上工装，走进职场，成为青涩的"月光族"；有的将离开喧嚣的城市，投身乡村振兴的伟大洪流；有的将投笔从戎，戍边卫国，接受祖国和人民的检阅和考验……临别之际，我没有锦囊相送，只希望大家在今后的人生道路上能牢记学校"厚德、励志、笃学、精艺"的校训，与君共勉。

一要心怀"厚德"。"才者，德之资也；德者，才之帅也。"人无德不立。大家今后无论身处何地，都要爱国爱民，加强党史学习，从中激发信仰、获得启发、汲取力量，做到明大德、守公德、严私德，弘扬和践行社会主义道德，遵守道德行为规范，在崇德向善的道德实践中锤炼道德品质，引领道德风尚。

二要坚持"励志"。成功的秘密在于坚持。毕业后，也许你会居无定所，或蜗居成为蚁族，没关系，成功更光顾磨难和艰辛。人生本是单调的，但完善自我、挑战自我而奋斗就能给我们空白的人生抹上绚丽的色彩。请同学们记住，决心是我们的战马，勇气是我们的刀枪，纵然步履艰难，只要大家坚守初心使命，都会有别样的出彩人生。

三要始终"笃学"。三年大学生涯的结束并不意味着学业的终结，恰恰相反，是另一段学习生涯的开始。学习贵在勤奋，贵在钻研，贵在有恒。当你们迈出校园走向社会，你会发现社会才是一所真正的大学，那里的问题要比我们在学校里遇到的问题复杂得多；职业更是一门学问，那里的难题也比我们在书本上学到的更令人费解。希望同学们继续加强学习，向社会学、向前辈学、向同事学、向书本和实践学，充实提高自我，适应社会，保持进步。

四要志于"精艺"。"千金在手，不如一技傍身。"作为职业院校培养的学生，技术技能永远是你们的"敲门砖"，是你们安身立命的根本。我希望你们在工作中，甘于从基层做起，刻苦钻研、勇于创新，做到干一行、爱一行、专一行，精一行，成为时代的能工巧匠、大国工匠。为国家发展、时代进步贡献你们自己的青春力量。

国家到 2035 年要基本实现现代化，到 21 世纪中叶实现社会主义现代化强国目标。"潮平两岸阔，风正一帆悬"，各位风华正茂、正逢其时。愿你们在今后的人生道路上，以习近平新时代中国特色社会主义思想为指导，以国家兴亡为己任，坚信你的珍贵，爱你所爱，行你所行，不畏将来，无问西东！愿你们历尽千帆，归来仍是少年！

欢迎大家常回母校看看！

（作者系湖南化工职业技术学院院长）

"前进道路上，有平川也有高山，有丽日也有风雨，大家要记住习近平总书记的寄语——'矢志追求更有高度、更有境界、更有品位的人生'，在火热的青春中放飞人生梦想，在奋斗的青春中成就事业华章。"

青春展翅谱征程
弦歌不辍写华章

郑亚莉

又是一年毕业季，扬帆起航正当时。明天是芒种节气，《红楼梦》里说"从花朝节开始，到芒种节，是百花盛开的一个最美的时期"，从明天开始校园里 3000 多枝最绚烂的青春之花将走出校园、走向社会。今天，我们用最燃的热情、最足的诚意、最真的情怀，共同庆祝 3403 名浙江金融职业学院 2021 届应届毕业生顺利毕业。

这既是来自学校的祝福，祝福大家奔向星辰大海，开启新的人生精彩；也是来自学校的盛邀，邀请大家相偕同行，追逐梦想。大学毕业，是人生中最重要的一段成长经历，也面临着最关键的人生抉择。期待你们在追逐梦想的道路上，无论是"风雨兼程，途经日暮不赏"，抑或是"皓月当空，勇敢乘风破浪"，都能把握机遇、勇毅笃行。

求学三年期间，大家不仅收获了知识和能力，也经历了淬炼和成长，更加具有责任心和担当意识。你们目睹了纪念五四运动 100 周年的盛况，亲历了庆祝新中国成立 70 周年的盛典。特别是在令人难忘的 2020 年，你们以各种方式勇敢地投身伟大的抗疫斗争，无论是停学不停课，还是逆行支援疫情防控当好志愿者，再或是传递抗疫信心和力量，都生动诠释了新时代大学生的社会责任感和担当精神，让人更真切地感受到人类守望相助的真情，也让大家感悟了生命的价值、奋斗的意义。

三年里，大家在心向阳光、行向远方的热切期待中蜕变、成长：获得校级奖励、荣誉 4240 人次；省级以上奖励、荣誉 634 人次；国家级奖励 15 人次。会计专业 187 班胡文帅同学还斩获了"挑战杯"全国金奖并被中华职业教育社评为 2020 年度"最美职校生"和"最美创业生"。当然还有许多同学取得了令人称赞的成绩，就像今天走上领奖台的同学。对你们当中的许多人来说，这个毕业典礼是你们期待已久的职业生涯的开始，你们自来到这里以来一直为之奋斗。你们从此刻开始，带着新的目标和希望重新出发。身处这个伟大的时代，立足我们伟大的国家，我们比以往更有理由坚定自信，更有底气自立自强。

在国家向"第二个百年"奋斗目标迈进之际，你们顺利完成学业，走向广阔的人生舞台，可以说既学有所成，也大有可为，既生逢其时，也重任在肩。在这里，我首先想说："前进道路上，有平川也有高山，有丽日也有风雨，大家要记住习近平总书记的寄语，'矢志追求更有高度、更有境界、更有品位的人生'，在火热的青春中放飞人生梦想，在奋斗的青春中成就事业华章。"

骊歌声起，我想再送同学们几句话。

一、心系家国，勇担使命

亲历"两个一百年"交汇的新时代，大家既是生逢其时的优秀学习者，也是引领创新的笃行践行者，更是重任在肩的未来建设者，承载着特殊的历史际遇和光荣的时代使命。要将个人理想融入国家发展和民族复兴的伟大事业，用努力行爱国之志，用奋斗尽兴国之责，用担当圆强国之梦。心怀家国、知重负重，不忘报国之心，树立强国之志，在融入"大我"中成就"小我"，在贡献国家中实现人生价值。要从党的百年历史中汲取理论的力量、信仰的力量、道德的力量、实践的力量，做到学史明理、学史增信、学史崇德、学史力行，将自己的个人成长融入中华民族的伟大复兴。

希望同学们坚持"苟日新，日日新，又日新"的自律精进；坚守"择一事，终一生"的奋斗初心，坚定责任担当、报效祖国的家国情怀。用自己脚踏实地的努力拼搏和追求卓越的精进创新做出无愧于自己、无愧于母校、无愧于祖国的新的业绩！勇担使命就要有开拓进取、挑战高峰的非凡勇气。敢为常人所不敢为，方能为常人所不能为。要培养前瞻性的思维并付诸行动，锚定目标、不懈攀登，在不断超越自己的过程中，勇攀高峰，始终朝着心之所向，一往无前。无论你遇到多大的困难和坎坷，母校、师长和同学一定是你们最坚定、最可信的支撑和后盾。

二、诚信前行，创新卓越

这是一个挑战的时代，也是一个机遇的时代。作为"前浪"，我由衷地羡慕你们这些汹涌的"后浪"！羡慕你们这么年轻就身处这个伟大的时代，亲身经历着我们国家和民族创造的一个又一个奇迹；羡慕你们朝气蓬勃、斗志昂扬，有燃不尽的热情、使不完的干劲。但是，人生必然会留印记，每个人都要对自己负责，从一开始就要做好，诚信说话，诚信交流，诚信认知自我，让自己的人生经得起时间的拷问，值得回忆。我们所处的这个时代，既是中华民族发展的最好时代，也是实现中华民族伟大复兴的最关键时代，作为当代优秀青年，你们有力量、有激情、有信念，你们渴望胜利，渴望成功，但要始终明白，奋斗的道路不可能一帆风顺，有成功的喜悦，也必然有失败的痛苦，希望你们时刻牢记大学精神，持守永恒的道德精神，坚持自觉的学习精神，保持敏锐的时代精神，具有不懈的拼搏精神，从容面对新岗位，坦然拥抱新生活，以纯洁的人性、开朗的胸怀、愉悦的心态，接受社会大舞台的洗礼与锻造，实实在在做事，实实在在交友，实实在在生活，实实在在收获。

面向新的百年奋斗目标，同学们需要在学习历史和观照现实中激发创新智慧，努力成为知古鉴今、推陈出新的有为青年；在脚踏实地和仰望星空中优化创新路径，努力成为知行合一、奉献家国的先锋典范；在开放合作和自立自强中拓展创新格局，努力成为胸怀天下、自强不息的卓越人才，将更多的创新智慧、更优的创新路径、更宽的创新格局，转化为引领高水平创新、促进高质量发展的实际行动，为我国建成现代化强国贡献青春力量，奋力谱写迈向百年新征程的青春之歌。

三、脚踏实地，勇往直前

历经了 1000 个日夜的晕染，沉淀了 45 年学校岁月的托付，作为新一代学子，你们可能还没有意识到自己已经被赋能。一个人的最大成长，不是他是否经济独立、事业有成，而是他具有比别人更高的认知层次。当你们走上工作的岗位后，请记住：用数据说话、用行动做事、用结果证明！因为，所有偷过的懒都会变成打脸的巴掌，所有空虚的豪横都会变成绊脚的障碍。真正塑造人格的并非天资和学历，而是所经历的挫折和苦难。人生的闪光点，无一不是在困境中锤炼而成。成功不是你获取了多少，甚至不是你给予了多少，而是你最后变成了怎样的人。五四先驱李大钊这样勉励青年："青年之字典，无'困难'之字，青年之口头，无'障碍'之语；唯知跃进，唯知雄飞，唯知本其自由之精神，奇僻之思想，锐敏之直觉，活泼之生命。"大家知道，我国刚刚组网成功的"北斗三号"全球卫星导航系统，那正是 80 后、90 后为主力的团队，平均年龄只有 31 岁，的确创造了奇迹，让 56 颗北斗星闪耀全球。一个国家最好看的风景，就是这个国家的年轻人。希望你们能够不驰于空想，不骛于虚声，以实干笃行和锲而不舍，征服你们人生航程的星辰大海。

同学们，以高远志气奋发行为、以无畏勇气奋力作为、以赤子心气奋勉修为，就一定会发现，无论何时何地，世界总是满怀着善意，生活总是充盈着动力！就像梁启超先生倡导的那样："必有大刀阔斧之力，乃能收筚路蓝缕之功；必有雷霆万钧之能，乃能造鸿鹄千里之势。"愿你们盔甲护体，勇往直前；也盼望你们心存软肋，呵护关怀；有披着星辰努力的夜，也有说走就走享受人生的旅程。

此时于我们，是离别、是不舍、是惦念；此时于你们，是收获、是希望、是起航。愿你们阳光灿烂、一片坦途，用奋斗铸就精彩人生。亲爱的同学们，较之刚入校时的稚嫩与青涩，现在的你们脸上多了几分成熟与自信，你们把最好的年华与青春留给了大学，用激情与拼搏书写了人生最灿烂的篇章！你们即将扬帆起航乘风破浪，此去山高水长，望君多珍重；虽有万般不舍，终需解缆归岸。今夏一别，愿你们此去繁花似锦，阅尽万水千山，母校期待你们王者归来！

（作者系浙江金融职业学院院长）

在前进道路上，有平川也有高山，有阳光也有风雨，请大家记住习近平总书记的寄语——"青年要矢志追求更有高度、更有境界、更有品位的人生"，在火热的青春中放飞人生梦想，在奋斗的青春中成就事业华章。

不负韶华　成就出彩人生

花景新

白驹过隙，骊歌唱响。今天，我们共赴一场青春的盛宴，共同见证梦想起航。

三年里，同学们逐梦飞翔，为自己赢得了荣誉。今年，同学们专升本成绩喜人，创历史新高，有789名优秀毕业生专升本继续深造；有120余名同学报名参军入伍，立志军营，报效祖国；有650名同学荣获了省级、校级"优秀毕业生"称号；还有更多的同学已经落实了工作岗位，在各行各业，准备着披坚执锐、大显身手。以上成绩的取得是山东城市建设职业学院2021届莘莘学子1000多个日夜奋斗拼搏的结果，你们在"崇德尚能、博学乐业"的校训熏陶下，在"和谐奋进、求实创新"的校风感召下，收获了知识，历练了品行，成熟了心智，提升了能力，破茧成蝶，正在努力成长为社会主义伟大祖国的建设者和接班人，母校为你们感到骄傲与自豪！

三年里，同学们筑梦成才，见证了学校的发展。习近平总书记指出，"时间之河川流不息，每一代青年都有自己的际遇和机缘"。在校期间，同学们有幸见证了纪念五四运动100周年的盛况，亲历了庆祝新中国成立70周年的盛典。三年来，学校也在发展壮大，荣获省级优质院校、首批省级文明校园、全国样板党支部、全国生态文明教育特色学校、全国巾帼文明岗、省级平安校园标杆学校、全省最具综合实力高职院校、最具就业竞争力高职院校等很多荣誉，办学水平和社会美誉度进一步提升。这些成绩的取得，离不开同学们的参与和付出，感谢你们在学校这片热土上孜孜以求、努力奋进，共同绘就了学校追求卓越的美好画卷。

今年的毕业季恰逢中国共产党成立100周年，你们与伟大的时代同向、同行，是实现"第二个百年"奋斗目标的建设者、见证者。在前进道路上，有平川也有高山，有阳光也有风雨，请大家记住习近平总书记的寄语——"青年要矢志追求更有高度、更有境界、更有品位的人生"，在火热的青春中放飞人生梦想，在奋斗的青春中成就事业华章。临别之际，有几句赠言与大家共勉。

一是希望同学们情系家国，苦练本领，实现人生的价值。

在这个"智能制造"风起云涌的时代，迫切需要高素质的劳动者和技术技能人才，这是推进我们由制造大国向制造强国转变、由中国制造向中国创造转变的必然要求。而即将步入社会的你们，将会在新型城镇化建设、城市更新行动等重大战略中，发挥自己的专业特长和优势，为推动我们国家高质量发展做出贡献。

站在"两个一百年"的历史交汇点，作为青年一代，大家生逢其时，重任在肩。希望你们能"眼里有光、心中有梦、肩上有责"，在工作中苦练基本功，脚踏实地、持之以恒，把"个人梦"融入中国梦，用"青春梦"托起"民族梦"，在攀登知识高峰中追求卓越，在肩负时代重任时行胜于言，在"真刀真枪"的实干中成就一番事业。

二是希望同学们锚定理想，坚定信念，增加人生的厚度。

今年4月，习近平总书记在清华大学考察时指出，广大青年要肩负历史使命，坚定前进信心，立大志、明大德、成大才、担大任，让青春在为祖国、为民族、为人民、为人类的不懈奋斗中绽放绚丽之花。

"功崇惟志，业广惟勤。"理想指引人生方向，信念决定事业成败。今天同学们即将走向社会，会面临各种各样的机遇、诱惑，也会遇到很多挑战、挫折。要坚定理想信念，在顺境中不骄傲不自满，在逆境时不消沉不动摇，拒绝"躺平""内卷"，经得住风浪的冲洗、经得住实践的考验，拼搏进取，成就美好人生。

三是希望同学们精益求精，臻于至善，坚守自己的匠心。

前几年有部纪录片《我在故宫修文物》意外走红，这部纪录片只有三集，没有明星大腕，没有特效传奇，讲述的只是一群能工巧匠在故宫修文物的故事，而它的评分高达9.4分。这部纪录片之所以火爆，不仅仅是师傅们精湛的技艺，更多的是这代代传承技艺背后的"匠人之心"。成为一名工匠或许不是每一位同学的最终理想职业，但拥有"匠人之心"是我们每一个人成就事业的必备法宝。希望同学们能够像匠人一样专心、专注、专业，内心充满定力。少一些急功近利，多一些专注持久；少一些敷衍了事，多一些精益求精。弘扬鲁班精神、工匠精神、劳模精神，以匠人之心，琢时光之影，成就美好未来。

在人才竞争激烈的今天，身怀"一技之长"，特别是"身怀绝技"，必定能在将来的人才竞争中脱颖而出。在这里，我希望大家不断努力获取与从事职业相关的知识和技术，在实践中提升职业技能，形成"人无我有，人有我优，人优我精"的竞争优势，并通过持续学习，丰富知识储备，形成"博观而约取，厚积而薄发"的发展之势。期待大家凭三年练就的"一技之长"，在自己的领域做出卓越成就，实现人生价值。

四是希望同学们勇于探索，守正创新，迎接人生的挑战。

　　当前，知识更新不断加快，社会分工日益细化，新技术、新模式、新业态层出不穷，这是一个创新的时代。创新是什么？是"人民科学家"南仁东研究员的中国天眼，是"时代楷模"黄大年教授巡天、潜海的高科技，是华为的5G手机，是咱们的超低能耗绿色智慧建造等先进技术。

　　在"中国制造"转型升级的阶段，建筑业正向精益建造、数字建造、绿色建造、智能建造转变，如何做新时代的建设工匠？同学们要有创新意识，善于创造性地解决问题和开展工作，机遇不会眷顾因循守旧、坐享其成者，沿着旧地图也找不到新大陆，要在岗位上多一点突破，在职业上多一点超前；要以积极开放的心态拥抱改变，把责任当作使命追求、社会担当，实现高素质技术技能人才追求卓越的本质要求；要以和谐创新的思维促进成长，在实践过程中不断完善和提升自我，积极进取、抢抓机遇，努力成长为"新时代的能工巧匠、大国工匠"。

　　大学毕业，是人生中最重要的一段成长经历，也面临着最关键的人生抉择。期待你们在追逐梦想的道路上，都能把握机遇、勇毅笃行。

　　亲爱的同学们，"乘风破浪会有时，直挂云帆济沧海。"

　　母校永远是你们的家，欢迎同学们多关注、多支持母校的发展，常回家看看！祝大家心想事成，万事如意，大展宏图，实现梦想！

　　　　　　　　　　　　　　　（作者系山东城市建设职业学院党委书记）

今天，我也将我的精神财富与同学们分享，"学会走心、有大格局、不坠青云志"，希望能成为你们今后人生道路上成功的三大法宝。

潮平两岸阔　风正一帆悬

聂　强

今天，我们在这里隆重举行 2021 届毕业典礼。在此，我代表学校全体教职工向全体重庆电子工程职业学院毕业生表示热烈的祝贺！

光阴似箭，时光飞逝，三年时光如白驹过隙，转眼便是离别。2018 年，你们乘着改革开放 40 周年的春风来到了学校；2021 年，在"两个一百年"奋斗目标交汇的历史性节点，"十四五"开局之年，你们即将迈入新征程。

过去的三年，是深刻变动的三年。在过去的三年里，大家和学校一起成长，见证了学校的全面发展，也见证了你们的长大成人。尤其是过去的一年多，发生了很多变化，疫情深刻地改变着我们生活的方方面面。世界格局变了，人与人、人与世界的连接也改变了，外部的变动考验着我们内心的坚忍。人在脆弱与顽强之间不断博弈。我们走到了后疫情时代，拒绝被裹挟，力争成为"最美逆行者"。我们不得不告别食堂、操场、教室，告别学子广场的一草一木；我们不得不告别宿舍的室友，告别飞奔着收获快递的喜悦，告别我们在重电的青春岁月，告别人生仅此一次的大学时光。

过去的三年，也是收获的三年。三年里，在你们的参与和努力下，学校被教育部认定为"国家优质专科高等学校"，成功入选国家首批"中国特色高水平高职学校建设单位"，实现了从"国家示范校"到"国家优质校"再到"国家'双高校'"的内涵式发展。不久前，学校与永川区人民政府签署了新校区合作共建协议，永川校区将在永川城东科技生态城规划建设，占地2500亩、校舍建筑总面积80万平方米，规划建成后将容纳在校全日制学生2.5万人。这项举措为学校可持续发展和高质量发展的战略需求奠定了坚实的物质基础。学校在中国高教学会全国普通高校（高职）大学生竞赛排名中，2020年名列全国第一。在广州日报数据和数字化研究院发布的排行榜中，2021年学校名列全国第四。在武书连中国高职高专排行榜中，2021年学校名列全国第八。这些成绩的取得，和在座的各位同学，和2021届全体毕业生密不可分。

再过几天，我们即将迎来中国共产党的百年华诞，共同见证我国成功实现"第一个百年"奋斗目标。当前，全党上下正在扎扎实实开展党史学习教育，回顾中国共产党的百年历程，百年岁月峥嵘，百年征程灿烂。1921年，在嘉兴南湖的一条小小红船上播下了可以燎原的革命火种，开启了中国共产党波澜壮阔的航程。到如今，中国人民在党的领导下取得了举世瞩目的辉煌成就，交出了一张人民满意的优异成绩单，留下了弥足珍贵的宝贵经验和精神财富。其中，就有习近平总书记在纪念毛泽东同志120周年诞辰座谈会上，用三个"创造性"高度概括了毛泽东创建的"三大法宝"思想。今天，我也将我的精神财富与同学们分享，"学会走心、有大格局、不坠青云志"，希望能成为你们今后人生道路上成功的三大法宝。

一是要学会走心。做事情要善于放在心上、要懂得经心，"责在人先、利居众后"，这有点像孔子讲的"一以贯之"。《论语·卫灵公》里面记载了这样一个故事，有一天，孔子问子贡："你以为我是因为博学而有见识的人吗？"子贡回答说："难道不是这样吗？"孔子说："不是的，我是坚持有一个东西贯穿始终的。"毫无疑问，孔圣人是无时无刻不在"走心"的。春秋时代，是一个礼崩乐坏、战火纷飞的时代，孔子用自己的方式处处经心，时时走心，一以贯之，开宗立派，成就了让中国文化持续迷恋的传说。

今天，面对新式压力，我们就更应该做一个"走心"的人，手脑并用、做学合一。一方面，我希望大家在今后漫长的生涯中，要"一以贯之"正确的价值观念和做事方法，做到"足够好""超预期"。另一方面，"走心"还意味着不能用"利益"作为唯一的评判标准，要努力去成就一种人格的伟大，让"走心"具有一种崇高感。有人评价孔子在平淡无奇中显现出他人格的伟大，一言以蔽之，就是要在平凡中不平凡，不单为取悦他人而存在。大家要把在学校学习到的专业本领、人格智识"走心"到今后工作生活的方方面面，把握好社会全面发展的大机遇，这也是克服"内卷"，战胜焦虑的重要法宝之一。

二是要有大格局。为什么进大学？这个问题，早在1922年梁启超苏州演讲时，就替我们做出了回答，不只是"求学问"，"为的是学做人"。这里的"做人"，不是成为精致的利己主义者，是要涵养有大格局的人，要"士志于道，明道济世"，要努力发展自己的兴趣，成长自身价值，不偏执、不愤怒、不迷茫。

庄子在《逍遥游》里，写了一条名为鲲的鱼，能化作鹏，遨游于九天。鹏向南方大海迁徙的时候，翅膀拍打水面，能激起三千里的浪涛，乘着风飞上九万里的高空。同学们，我们从职业教育的训练中成长了三年，包括职业技能，更包括道德和眼界的训练，大家要将大的格局和专业技能回馈到社会中去，理论与实际并行，敬业乐群，浪击三千里。

职业教育从基础技术和实际工作中来，但同时要回归到眼界开阔地对人的培养中去。我希望大家毕业后，能像黄炎培先生说的那样，"对外还须有最高的热情，参与一切；有最大的度量，容纳一切"，从内到外构建起磅礴包容的境界，多打开眼量，看看后疫情时代的世界格局，看看"互联网+"时代的新经济模式，看看乡村振兴接棒脱贫攻坚后的城乡一体化进程，也看看建党100年来的筚路蓝缕。人不能被封闭在狭小的空间里，不能自我禁锢，心中有格局，脚下有力量，这是大家顺利投身社会的又一关键法宝。

三是要不坠青云志。最初，这是唐代诗人王勃在《滕王阁序》中对自己提出的要求，"穷且益坚，不坠青云之志"。后来延续到了我们的文化当中，又一直延续到了我们当下很多人的身上。

最近，上热搜的中科院博士黄国平的毕业论文致谢词，深刻地打动了我。他的经历便是一段"穷且益坚，不坠青云之志"的故事。他说："这一路，信念很简单，把书念下去，然后走出去，不枉活一世。世事难料，未来注定还会面对更为复杂的局面。但因为有了这些点点滴滴，我已经有勇气和耐心面对任何困难和挑战。"这正是"其作始也简，其将毕也必巨"。

在我们未来的道路上，或者走过的来时的路，都会有很多挑战，有各种各样的不尽如人意。我希望同学们可以坚持初心，勇敢地面对它。"苔花如米小，也学牡丹开"，这是任何一个时代的年轻人都应该有的气度，也是从知识到智慧的升华，我们要不忘初心，方得始终。这也是我送给大家的与新时代同向同行的第三大法宝。

我今天寄语大家的，都是一些朴素的观念，但也希望成为大家今后仗剑走天涯的利剑。我们本来就从朴素中来，回到朴素中去。几千年的价值观根植在我们的文化基因当中，我们每一个人都有责任在今后不断地传承它。

今天毕业典礼结束后，我希望大家可以在校园里再多待一待，多走一走，从南区走到北区，去奕辉运动场再散散步。然后，在学校的悲欢喜乐，一草一木，就要相互分别。但请相信分别只是短暂，学校和我永远等着你们回家！

"潮平两岸阔，风正一帆悬"，祝愿同学们前程开阔，扬帆起航，乡书有处达，归雁"重电"边！

（作者系重庆电子工程职业学院院长）

希望同学们长存赤子之心，勇担时代使命。

希望同学们长存奋斗之心，拼搏灿烂人生。

希望同学们长存创新之意，开拓美好未来。

行远自迩　未来可期

石　静

　　算上今天，我与大家在成都纺织高等专科学校的相识、相伴只有 121 天，但三年求学路，一生"纺专"情。我相信，你们在学校的每一天都将成为终生难忘的记忆。特别是在令人难忘的 2020 年，你们更是奋勇抗击新冠肺炎疫情队伍中的一员，在筹措抗疫物资、志愿服务、停课不停学中，成为最可爱、最可信的人，我要为你们点赞！

　　在这里，有你们终生难忘的师生情。"饮其流者怀其源，学其成时念吾师。"毕业之后，要常回家看看，看看牵挂着你们的老师。

　　在这里，有你们终生难忘的同学情。你们这群聪明、求知欲强的年轻人从不同的地方聚到了一起，相互学习、相互交流，看到了新鲜事物并具有了独到的行为判断力，你们互相成就了彼此。

在这里，有你们终生难忘的校友情。在你们即将告别母校扬帆远航之际，四川好朋友文化传媒有限公司董事长黄小玲女士等多位校友百忙之中赶回母校看望你们，承载了学校及校友对大家诚挚的祝福，传承着校友"回报母校，奉献社会"的信约。

这些天，我一直在想，毕业之际，可以让大家带上哪些礼物呢？回想你们在学校所走过的路，我想，北苑的花溪牛肉粉带不走，南苑的黄焖鸡带不走，红房子电影场的夜色带不走，嫘湖的彩虹带不走，校园的桂花香带不走，小吃街的胖姐米线带不走……就让这些带不走的记忆永远镌刻在大家的心里，成为大家对母校历久弥新的美好记忆。回想学校82年的征程，一代又一代学子披荆斩棘、接续奋斗，留下了丰厚的精神财富，这些是同学们可以带走的文化馈赠，也是母校融入你们心灵深处的记忆。母校热忱地希望你们——行远自迩，未来可期。

希望同学们长存赤子之心，勇担时代使命。在求学的时光里，你们与祖国同行，和学校共进，经历了改革开放40周年、五四运动100周年、新中国成立70周年的庆典，参与了学校建校80周年校庆，盼到了邛崃新校区的奠基。大家感悟了我国取得抗击新冠肺炎疫情斗争的重大战略成果。从80多岁高龄毅然奔赴抗疫一线的钟南山院士到主动请缨的90后白衣天使，他们用自己的前赴后继，传递着家国情怀的正能量。我们现在的中国，是无数仁人志士砥砺前行拼搏出来的盛世中国，是喜迎共产党建党100周年、充满机遇和挑战的中国。当你们沉浸于爱情甘甜和亲情眷念时，一定不要忽略周遭世界的民生多艰和时局多变。学校用基础课程、专业知识、实践能力、创新思维构筑的立德树人教育平台，是期待你们读万卷书、行万里路、问家国事；是期待你们在各行各业参与竞争，立志成为大国工匠、行业大师；是期待你们在变革的时代，敢于挺身而出，忠于祖国、矢志奋斗，为实现中华民族伟大复兴的中国梦注入蓬勃的青春力量。

希望同学们长存奋斗之心，拼搏灿烂人生。我们的国家从积贫积弱一步一步走到今天的繁荣昌盛，靠的就是中华民族顽强的奋斗精神。我们所有美好的理想，都不可能"躺平"而得，都离不开艰苦奋斗。大家都知道李兰娟院士，从赤脚医生到工程院院士，几十年如一日地在传染病临床、科研和教学领域辛勤耕耘，年逾古稀，却坚守在抗击疫情的第一线，坚守在最危险的地方，当她脱下防护服，印着口罩压痕的笑脸成为国人心目中最美的面庞。你们即将走出校门，去面对一个充满未知的世界，如若不奋斗，该如何彰显你们那四溢的才华？如若不奋斗，你们拿什么去看看那么大的世界？如若不奋斗，你们成长的步伐如何追赶父母老去的速度？如若不奋斗，你们凭什么去追寻灿烂的人生？梦在前方，路在脚下，奋斗才是青春最美的赞歌。期望你们今后生逢盛世当不负盛世，生逢其时当奋斗其时。

希望同学们长存创新之意，开拓美好未来。"以青春之我，创建青春之家庭，青春之国家，青春之民族"，这是李大钊的警醒誓词。外国人能创造的，难道咱们中国人不能创造吗？当今中国，量子通信、载人航天工程、5G 等技术领域已走在了世界的前列，但也有很多"扼住咽喉"的技术掌握在别人手里。咱们祖国要进一步从大国走向强国，让世界刮目相看，唯有靠创新。多年来，从我们校园走出去了众多像李俊贤校友一样杰出的科学家、企业家，他们用辛勤汗水和聪明才智在创新创业的探索和实践中成就了自己的梦想，开辟了广阔的发展天地。希望你们赓续学校的精神血脉，用激情与活力，努力推动新技术的突破、催生新产业的变革、带动新业态的诞生！

因为疫情，我们的留学生未能到现场共享今天的盛会。虽然老婆饼里没有老婆，夫妻肺片里没有夫妻，今天的多功能厅没有留学生，但是成都有你们的印记，学校有你们为克服困难所做的努力，校园内外有你们积极参加文体活动和竞赛的身影，疫情防控初期有你们筹措的物资。希望你们牢记在成都度过的青春岁月，再把母校最美好的祝福带回母国，充分发挥所学本领，为国际间的合作交流做出贡献。

　　"雄关漫道真如铁，而今迈步从头越。"母校期待着你们在今后的岁月里创造出属于你们，属于我们的精彩人生！衷心祝愿你们一生平安、幸福。

（作者系成都纺织高等专科学校校长）

长空万里，好风正劲。衷心希望同学们怀揣梦想，奋斗拼搏，持续学习，不忘修身，用你们的知识、能力和思想服务社会、造福人类、引领未来，实现那份让母校和大家共同期待的精彩！

怀揣梦想　奋斗拼搏

温正胞

又是一年繁花似锦，栀子飘香；又是一年青春荡漾，毕业时光。今天，在这里我们带着一份激动，带着一份祝福，也带着一份不舍，为2021届同学们隆重举行毕业典礼。

在数千年的历史长河上，我们所能经历的和看到的十分有限，正如渚岸望江，有时看到波涛汹涌，有时看到平川缓流。但2021年是一个我们都会永远记住的年轮。这一年，我们将迎来中国共产党建党100周年，这一年是"十四五"规划的开局之年，是我校"创一流"内涵建设的稳步推进之年，这一年，也是在座各位亲爱的同学顺利毕业、奔赴社会、报效祖国的起始之年。你们即将告别杭州科技职业技术学院，开启全新的人生旅程。

此时此刻，全校教师都强烈地感受到你们对未来的无限憧憬。

我们正处在一个前所未有的新时代。我们一起见证祖国从站起来、富起来到强起来的历史性伟大飞跃，中国的崛起、中华民族的伟大复兴是任何力量都无法阻遏的历史趋势。在这个时代里，世界正处在大发展、大变革、大调整时期，挑战层出不穷、风险日益增多。在这个时代里，以人工智能、大数据、云计算等为代表的新一轮科技革命正在全面改变人们的生产生活内涵，一大批富有新时代特点的科技成果不断涌现，新的生产方式、产业形态、商业模式和经济增长点正在形成，催生出一系列战略性新兴产业。科技革命的甘霖为这个时代焕发了强大的生机活力，开启了无限的可能，也为即将离开校园的你们提供了比以往更多的选择、更大的机遇、更精彩的人生。

你们生逢其时，欣逢盛世，是这个时代最幸运、最幸福的一代。未来是属于你们的。在你们即将告别校园，踏上人生的新征程之际，我把几点期望融化在母校给你们的深深祝福里，伴着你们前行，陪着你们走向更加宽广的天地。

一、奋斗拼搏，厚植家国情怀

同学们即将走入社会，成为新时代的奋斗者。"奋斗"二字，标注着美好梦想的实现路径，但更重要的是，同学们要清楚奋斗的力量从哪里来，为谁而奋斗。今年是中国共产党建党100周年，习近平总书记在党史学习教育动员大会上指出："党的历史是最生动、最有说服力的教科书。我们党历来重视党史学习教育，注重用党的奋斗历程和伟大成就鼓舞斗志、明确方向，用党的光荣传统和优良作风坚定信念、凝聚力量，用党的实践创造和历史经验启迪智慧、砥砺品格。"的确，历史是最好的教科书，党史学习是最好的营养剂，重温伟大历史，回顾党的初心使命、性质宗旨、理想信念，是最生动的教育。同学们要从党的百年非凡历程中汲取奋进力量，进一步坚定理想信念，厚植家国情怀，要将个人的发展同国家和民族的命运紧紧联系在一起，你们要将个人的发展融入祖国的发展当中，以担当砥砺强国之志，以创新展现强国之才，以奋斗奉献强国之力，在成就"大我"中升华"小我"，在实现强国梦的征程中放飞青春梦想。不负青春奋斗，无愧伟大时代。

二、持续学习，为青春奋斗积蓄新动能

走出校园，同学们将要面临全新的环境，你要考虑每天的柴米油盐酱醋茶，会经历工作的压力、会体验人情冷暖。但我希望各位同学，不要在日复一日的工作中消磨了自己的锐气，不要让自己在平淡的生活中变得悄无声息。毕业，不是学习的结束，而是新一轮学习的开始。未来社会，已经没有绝对的、固化的知识，只有不懈地学习，才能追赶时代步伐。"吾生也有涯，而知也无涯"，同学们应该在毕业之后持续学习，为青春奋斗输入源源不断的能量，把学习作为一种责任、一种精神追求、一种生活方式。持续学习，会让你始终积极奋进，你将越来越优秀，越来越有价值；持续学习，会让你始终心怀梦想，你将拥有更多选择的权利，更多展示自己的舞台；持续学习，会让你始终胸怀坦荡，你将心无畏惧，开拓创新，披荆斩棘，书写自己青春的华丽篇章。

三、不忘修身，坚守"杭科院"人的品质

在信息爆炸的时代里，我们每天都要接触各种各样繁杂的信息，很容易变得浮躁、焦虑。希望同学们能够静下心来，坚守自己的人生理想，守护好内心的"自留地"，重视个人修养的提升，因为高尚的品德修养会让你在前行的道路上如虎添翼，也会让你的生活充满着阳光。在社会的激烈竞争中，我希望你们能够守住道德的底线，守护灵魂的纯净，守望人性的善良，"诸善必乐为，诸恶不忍作"。青年大学生作为时代精英，做"成人"是我们的最低标准，做"大人"、做"君子"应该成为我们的不懈追求。

希望你们在人生长跑中，能够继续传承"德业兼修 知行合一"的校训；能够始终追求人格独立和高尚品德，涵养虚怀若谷、从容自信的胸襟态度；能够在艰难困顿时保持定力，锻造甘于奉献、勇于担当的坚毅品格；能够"吾日三省吾身""见贤思齐""心存敬畏，手握戒尺""防

微杜渐，不弃微末"。做到了这些，我相信，若干年后，你们将可以更智慧地看待世间万物；你们将会用宽容的态度面对人情冷暖，从容直面各种挑战；最终你们将会以无比坚定的信念健步在精彩的人生之路上。

亲爱的同学们，今天以后，你们将从杭州科技职业技术学院的学生变为校友，改变的是称呼，不变的是感情。在杭州科技职业技术学院，你们留下的记忆是独家的、唯一的。无论你们身在何方，请记住，母校是你们永远的精神港湾，母校会牵挂你们的心绪变化，母校会在意你们的点滴成长。我真诚地期待，你们能经常关注母校事业发展，经常与恩师和学友互诉衷肠。

今天的离别是为了我们下一次在更高处重逢。长空万里，好风正劲。衷心希望同学们怀揣梦想，奋斗拼搏，持续学习，不忘修身，用你们的知识、能力和思想服务社会、造福人类、引领未来，实现那份让母校和大家共同期待的精彩！

（作者系杭州科技职业技术学院院长）

梦为马，行为缰。临别之际，我有三句话送给大家：一是做一个爱国青年，坚决扛起新时代的使命担当；二是做一个守正青年，不断追求虚心从善的人生境界；三是做一个有为青年，始终保持昂扬向上的奋斗姿态。

莫道秋江离别难
舟船明日是长安

邓曦东

今天是一个值得纪念的日子！我们在这里欢聚一堂，共同见证和分享你们即将毕业的兴奋和喜悦，为你们开启未来的追梦之路饯行。

三年前，你们带着灿烂的笑容、怀着对未知的渴望走进了湖北三峡职业技术学院。实训室里留下了你们的自信与从容，文化坡上飘荡着你们的欢声与笑语，图书馆里凝聚着你们的专注与忘我，运动场上挥洒着你们的青春与汗水……三年后，你们学会了独立生活、自主学习，学会了面对困难、承受挫折。我高兴地看到，你们已经具备了迎接工作挑战和人生难题的智慧、勇气和能力，祝贺你们！

大学生活短暂而精彩！在这三年的时间里，你们的刻苦与努力，结出了累累硕果。在座的毕业生中，有的光荣地加入了中国共产党，有的领到了国家奖学金，有的获得了"优秀学生干部""优秀毕业生"等荣誉称号，有的拿到了各种技能证书，有的摘取了国家级、省级技能大赛的桂冠。据不完全统计，2019年以来，同学们参加全国职业技能大赛获得一等奖2项、二等奖4项、三等奖3项；参加全省职业技能大赛获得一等奖16项、二等奖14项、三等奖13项。你们的付出和努力为今后更好地发展打下了坚实基础，这既是你们的精彩，更是学校的荣耀！当然，还有的同学成了"联盟"里的英雄、"农药"里的王者。鹰击长空，鱼翔浅底，你们时常让我惊叹学校大神云集。

你们将青春奋斗的足迹和人生最美的记忆留在母校，母校则用厚重的办学积淀和新时代改革发展的新作为、新成就，描绘了你们成长成才最坚实的底色。近三年来，母校5个专业成为国家骨干专业、8个专业成为省级品牌特色专业、2个实训基地成为国家生产型实训基地、1个培训基地成为国家"双师型"教师培训基地、2个研究平台成为国家应用技术协同创新中心。主持国家教学资源库2个，国家精品在线开放课程1门，学校荣登全国高职"教学资源50强"榜单，获批国家教学成果一等奖，被教育部认定为全国优质专科高等职业院校，跻身全国高职院校200强行列。

这三年里，医学院、康养与护理学院、电子信息学院、机电工程学院、建筑工程学院先后进驻南区、北区实训中心；建筑工程学院新实训楼也已进入装修设计施工阶段；旅游与教育学院、农学院实训楼布局进行了调整，并进行了维修改造；综合体育馆正在抓紧施工，秋季学期即将投入使用；西9东10学生公寓已经建成并投入使用，广大师生的教学、工作、学习和生活条件得到了极大改善。

毕业是一道风景线，也是一道分割线，是一段故事的结束，更是另一段成长的开始。梦为马，行为缰。临别之际，我有三句话送给大家！

一是做一个爱国青年，坚决扛起新时代的使命担当。今年是建党100

周年，百年征程波澜壮阔，当年的嘉兴红船，一代代革命烈士用他们坚定的理想信念，踏破惊涛骇浪，创造了他们的觉醒年代。到如今，脱贫攻坚战取得全面胜利、中国高铁创造中国速度、"天问一号"成功着陆火星、"神舟十二号"发射圆满成功，一代代中国人执着专注、精益求精、一丝不苟、追求卓越的工匠精神，使我国取得一个又一个辉煌成就。我们国家正走在实现中华民族伟大复兴的道路上，而你们身处一个伟大的时代，是祖国的未来和希望。希望你们始终怀有爱国兴邦之志，把奉献社会作为不懈追求的人生目标。要把国家、民族的利益摆在首位，要有"功成不必在我"的精神境界和"功成必定有我"的历史担当。永葆爱国之心，坚定理想信念，无论身处哪个岗位，始终将"小我"融入"大我"，将爱国之情、信念之志转化为贡献社会的不竭动力。

二是做一个守正青年，不断追求虚心从善的人生境界。希望你们拥有并保持宽厚平和之心，把虚心从善作为不断完善的人生境界。庄子曾经说过，"势为天子，未为贵也；穷为匹夫，未为贱也；贵贱之分，在行之美恶"。我们当中并非所有人都有机会名扬天下，但只要拥有一颗充满爱和付出的心灵，每个人都可以变得伟大。无论你们今后是孤身奋斗，还是团队作战；无论是自己当"老板"，还是身为"打工人"；无论是在生产一线，还是走上领导岗位，希望你们都能够坚守最基本的职业道德和做人的底线，树立正确的人生观、价值观和名利观，待人以诚、与人为善、诚实守信、谦虚谨慎，大其心，容天下之物；虚其心，受天下之善，让自己生活得更有尊严、更有价值，获得真正的快乐。

三是做一个有为青年，始终保持昂扬向上的奋斗姿态。希望你们始终保持坚忍不弃之举，把拼搏进取作为追求卓越的人生信条。近日，一位博士在论文致辞中写道"我走了很远的路，吃了很多的苦，才将这份博士学位论文送到你的面前""这一路，信念很简单，把书念下去，然后走出去，不枉活一世"，打动了千万人的心，也让人们从网络盛行的"丧文化"中清醒。世人眼中手持烂牌的寒门学子，始终保持昂扬向上、百折不挠的奋进姿态，在"内卷"中一骑绝尘。奋斗之路注定漫长而孤独，面临选择时相信自己，学着去克服旁人向你投射来的异样眼光，迎接挑战，乘风破浪。身处低谷时学会洒脱，决不气馁，迎风努力奔跑，不做一个"内卷"的青年，也坚决不做一个"躺平"的青年。"躺平"的一生，永远无法和充实的一生相提并论；虚幻的快感，也永远无法和真实的收获相提并论。"青春由磨砺而出彩，人生因奋斗而升华。"唯以敢闯敢试的勇气、躬耕不辍的毅力和只争朝夕的态度，不忧不惧、迎难而行，才能释放自身更大的力量。

"莫道秋江离别难，舟船明日是长安。" 殷殷祝福意，切切惜别情！同学们，母校将永远站在你们身后，最诚挚地期待你们，最无私地支持你们，最深切地祝福你们！

愿你们平安相伴、前程似锦，劈波斩浪、扬帆起航，待惠风和畅、香樟再盛，欢迎大家再回母校看看。

（作者系湖北三峡职业技术学院院长）

希望同学们在往后的日子里依旧保持学生心态，在社会的熔炉里学会学习、学会生活、学会做人、学会做事、学会自律；希望大家选择的毕业出路都是出于热爱，而不是随波逐流；希望"Z世代"的你们都有勇气、有能力选择不一样的人生。

以青春之名

李梓楠

又是一年毕业季。今天的长沙缤纷灿烂，万物极盛，一如同学们脸上灿烂夺目的笑容，显示出盛夏时节的勃勃生机。今天，我们用最大的热情、最足的诚意，为大家准备了一场独一无二的毕业典礼，敬青春，庆毕业！

第一次在新落成的警训楼举行毕业典礼，第一次安排温度与情怀满格的毕业晚会，第一次在毕业典礼之际同期举行校园招聘双选会……这些，都是临行之际母校送给你们的祝福。祝福你们在新的赛道守护初心、步履不停，祝福你们在新的天地大有可为、大有作为。

今天，1538名毕业生即将走出湖南司法警官职业学院的大门，去寻找、追逐、体验、定义不同的人生与活法。作为师长，作为院长，我没有成功的捷径可提供，也没有人生的标准答案给你们，未来，靠你们自己了！

过了今天，你们当中的大多数人将从书本走向人群，从象牙塔走向社会，二十出头的你们要开始学会应对一系列的复杂与变数，学会在"内卷"与"躺平"之间找到自己恰当的位置。借此机会，我想送给大家三句话。

第一句话：青春的底色，必然是奋斗。

你可曾意识到，生逢其时是多么幸运的一件事。你们不必经历疫情肆虐下的焦虑与无措，不必经历最难毕业季、最难求职季，你们大可在崭新的时代乘风破浪、向前奔涌，因为在你们身后，有一个奋斗中的中国为你兜底。

你可曾意识到，大学三年，学校悄然发生了许多变化。我们新修了田径场，新建了警训楼，建成了智慧教室，实现了空调全覆盖；我们招录了首批警察类专业学生，启动了首次专业见习活动，开辟了多个对口实习基地，建成了三大颇有分量的培养基地……很抱歉，这样的学校还是不够"好看"，不够被你们称为"yyds"（永远的神），但请你看到，它一直在努力。今日一别，无论接下来打开的是哪扇门，我都希望你们滤去浮躁，踏实奋斗，因为在你身后，有一所奋斗中的母校与你同在。

今年是中国共产党成立 100 周年。习近平总书记在 2021 年新年贺词中说，胸怀千秋伟业，恰是百年风华。征途漫漫，唯有奋斗！同学们，青春纵是五彩斑斓，但它的底色，必然是奋斗。在此，我想对那些信奉"躺平"学、相信"只要我躺得足够平，生活就不会对我下手"的同学说，累了，当然可以停下来歇歇脚，但躺下赖着不走可不行。我相信你们都希望做出点什么，都期待 10 年后的自己有点不一样，那么，行动吧，后浪！

第二句话：青春的力量，必源于自信。

"以青春之我，创建青春之家庭，青春之国家，青春之民族，青春之人类，青春之地球，青春之宇宙，资以乐其无涯之生……"1916 年，李大钊先生的《青春》一文唤醒激励了无数青年人，2021 年被演绎成歌曲后，又在网络上引发广泛热议与共鸣。青春是什么？今天，我告诉你，青春是责任，是相信自己可以做到一些事，做成一些事。

你们虽不是手握丰富资源、备受社会期待的资优生，不是拥有闪亮名片、走出校门大杀四方的职业技能工匠，但你们理当拥有足够的自信。你们是警校生，纪律严明、信念坚定的警校生，担负着重要使命与责任的警校生。你们必将用自己的方式，书写青春的骄傲与荣光。

此去，希望大家铭记"对党忠诚、服务人民、执法公正、纪律严明"的训词精神，铭记"厚德重法，崇文尚武"的校训精神，用自己热爱的方式，展示警校生最青春的样子；希望大家记住，青春不必非得轰轰烈烈，非得鲜花掌声相伴，在平凡的岗位上沉淀自己，打磨自己，就是青春最美的样子。

未来，希望在座的你们能回到这里，指引你们的学弟学妹，告诉他们，一个人有理想、有朝气、有自信，青春便充满光亮。

第三句话：青春的底气，必是你自己。

同学们，你有多久没有好好读一本书了？身处人群，你还有独立思考的能力吗？你觉得自己是一个有思想的人吗？还是在跟随与盲从中逐渐丢失了自己？……

这个时代太方便了，以至于习惯了"快"的我们忍受不了任何形式的"慢"，耐心稀缺，焦虑丛生。可是，离开校园，走入社会，你的底气从何而来？网红奶茶给不了你，心仪偶像给不了你，爆款番剧给不了你……青春的底气，时间才能给你，沉淀才能给你，青春最大的底气，就是你自己。慢下来，去工作，去生活，去发现，去感受，你终将遇上不一样的自己。

希望同学们在往后的日子里依旧保持学生心态，在社会的熔炉里学会学习、学会生活、学会做人、学会做事、学会自律；希望大家选择的毕业出路都是出于热爱，而不是随波逐流；希望"Z 世代"的你们都有勇气、有能力选择不一样的人生。

在建党 100 周年、建校 40 周年之际迎来你们的毕业季，我觉得意义重大。不管心存多少担心和挂念，我们终于还是要说"再见"了，就到这里吧！祝福大家，毕业快乐！10月28日，湖南司法警官职业学院40周年华诞，欢迎大家回来坐坐。

　　无穷的远方，无尽的未来，学校与你，一起定义。

（作者系湖南司法警官职业学院院长）

纸短情长，道不尽所有祝福和期待。愿你们都能成为"心中有爱，眼中有人，腹中有货，手中有艺"的新时代大国工匠，所到之处遍地阳光。衷心祝愿你们一帆风顺、前程似锦。

不负盛世　追求卓越

吴有富

"相聚光阴浅，离别情意浓。"时值建党百年之际，我们在此隆重举行2021届学生毕业典礼，共同分享4472名毕业生求学功成的喜悦心情。这是一个值得铭记和珍藏的时刻，你们即将告别熟悉的校园，离开朝夕相处的同学，离开殷殷期望的师长，去开启你们全新的人生征程。

"离歌且莫翻新阕，一曲能教肠寸结。"难说"再见"，却又不得不离别！其实我和大家一样，一年中最不想参加的活动就是毕业典礼，不是因为不想来和大家道别，而是不想和大家提伤感的"再见"。我更希望今天不是"道别礼"，而是"祝福礼"和"启程礼"。

三年前，你们踌躇满志地来到贵州交通职业技术学院。从此与鲲鹏山下、老马河畔这片热土结下了美好情缘，你们在这里殷勤求学、增智长技、追求理想。三年来，你们勤于学习、敢于创新、敢于追梦，操场上挥洒的汗水、教学楼里传来的琅琅书声、实训室里的反复操练、图书馆里的美好憧憬、萃湖桥边的闲暇漫步……校园里处处留下了奋斗的足迹、成长的记忆。

你们这一届同学是注定要载入学校发展史册的一届。进校之初，你们就亲历和见证了学校 60 周年校庆，大二的时候又见证了学院获批"中国特色高水平高职院校"立项建设单位，通过教育部"诊断与改进"复评，见证了学院被评为"国家优质校"、"学生管理 50 强"院校、"服务贡献 50 强"院校，又在建党百年、学院申报本科之际学成毕业……我们衷心地感谢你们把最美好的年华、最深刻的记忆留在了这里，感谢你们为学校的进步和发展做出的积极贡献，感谢你们为美丽的校园平添一道道亮丽的风景。

你们这一届同学是大有可为的一届。大学期间，你们经受了新冠肺炎疫情的重大考验，改变生活和学习方式，顺利地完成了学业，还在全国技能大赛、建模竞赛、创新创业大赛等比赛中争金夺银。不少同学还积极参与抗疫斗争，奉献了自己的力量，你们有能力战胜生活工作中的任何困境，经受今后人生中的各种考验。同时，你们毕业遇上"十四五"开局，遇上贵州省向经济高质量发展迈进阶段，更遇上全面推进交通强国建设、深入实施"一带一路"、长江经济带建设、新时代西部大开发、乡村振兴、军民融合等系列重大机遇叠加，将为你们未来发展带来前所未有的优势。相信你们一定会抓住机遇、担当作为。

临别之际，作为你们的师长，给你们祝福的同时，也给你们提几点希望。

一是善待自己、笑对人生。人生永远不是波澜不惊、风平浪静的，可以否极泰来，也可以泰极否来。希望你们面对挫折不逃避，以坚忍不拔的意志熬过人生的寒冬。遇到人生的至低点时要懂得对自己好一点，少跟自己较劲，人生没有过不去的坎，别心急，要学会忍着挺过去；在困境中，找寻自己的机遇，敢于破局；面对成功不自满，以更加大度的胸怀，示人以好、示人以善、示人以谦。无论顺境逆境，都要小心呵护我们的良知、纯善，不要让市侩气侵蚀主导自己，坚守自己的原则和底线，不被浮华所惑，不被功利裹挟，始终心怀阳光，乐观向上。让灿烂笑容永驻！

二是务实敬业、追求卓越。"千里之行，始于足下。"人生最大的捷径就是脚踏实地。你们刚开始走上工作岗位时，往往是从基层做起，从基础性工作做起，这些工作很大程度上是不起眼的，甚至是琐碎的。即便是最基础的工作也可能遇到预想不到的困难。我希望你们不惧逆境、不畏艰辛，务实敬业，从小事做起，静得下心、耐得住寂寞、下得了苦功夫，在学习和实践中不断总结经验，精益求精，充分发扬"拼搏奉献、追求卓越"的学院精神。在积累和沉淀中不断学习进步、提升自我，争取未来在某一个专业领域成为行家里手，成为单位的中流砥柱、社会的栋梁之材。让人生之彩闪现！

三是修炼格局、勤于奉献。大家在大学校园里收获了知识、增长了才干，形成了更加积极向上的价值观，拓宽了视野，对社会有了更加全面的认识。这是因为我们生逢盛世才有这么好的学习、生活和工作条件，我们当不负盛世、感恩社会、回报社会。希望大家在生活中修炼格局，遇事往高处站、往远处看、往大局想，少一些纠结烦躁，多一些理性心安；工作中立足本职岗位勤勉敬业、精心谋事、潜心干事、专心做事。要有甘为人梯的精神、海纳百川的胸襟，为国家、为人民做出我们应有的贡献。让人格魅力展现！

四是心系家国、勇于担当。今年4月，习近平总书记在清华大学110周年校庆前夕考察时指出，"当代中国青年是与新时代同向同行、共同前进的一代，生逢盛世、肩负重任，广大青年要爱国爱民，不断增强做中国人的志气、骨气、底气"。建党百年来，我们已崛起成世界第二大经济体，幸福生活来之不易，需要我们一代代人接续努力。祖国广袤的天地里，处处是你们成就事业的热土，处处是施展才干的舞台，生产车间的"中国智造"需要你们去创新创造，乡村振兴需要你们去贡献才智，创新创业一线需要你们去开疆拓土，社会服务的各个领域都等待你们去大展身手。希望同学们无论走到哪里、走多远，都要矢志不渝地将爱国之情厚植于心，对党和人民要有深情大爱，把小我融入大我，把理想追求融入党和国家事业之中。让家国情怀升华！

五是家成业就、爱家敬业。今后你们可能会成为单位的业务骨干、公司的管理精英、创新的中坚力量，但你们更是家庭的顶梁柱，要在家庭中扮演好自己的角色，履行好家庭的责任。在此，预祝大家爱情事业双丰收，家和事业兴。让责任担当彰显！

纸短情长，道不尽所有祝福和期待。愿你们都能成为"心中有爱，眼中有人，腹中有货，手中有艺"的新时代大国工匠，所到之处遍地阳光。衷心祝愿你们一帆风顺、前程似锦。

欢迎大家常回家看看！

（作者系贵州交通职业技术学院院长）